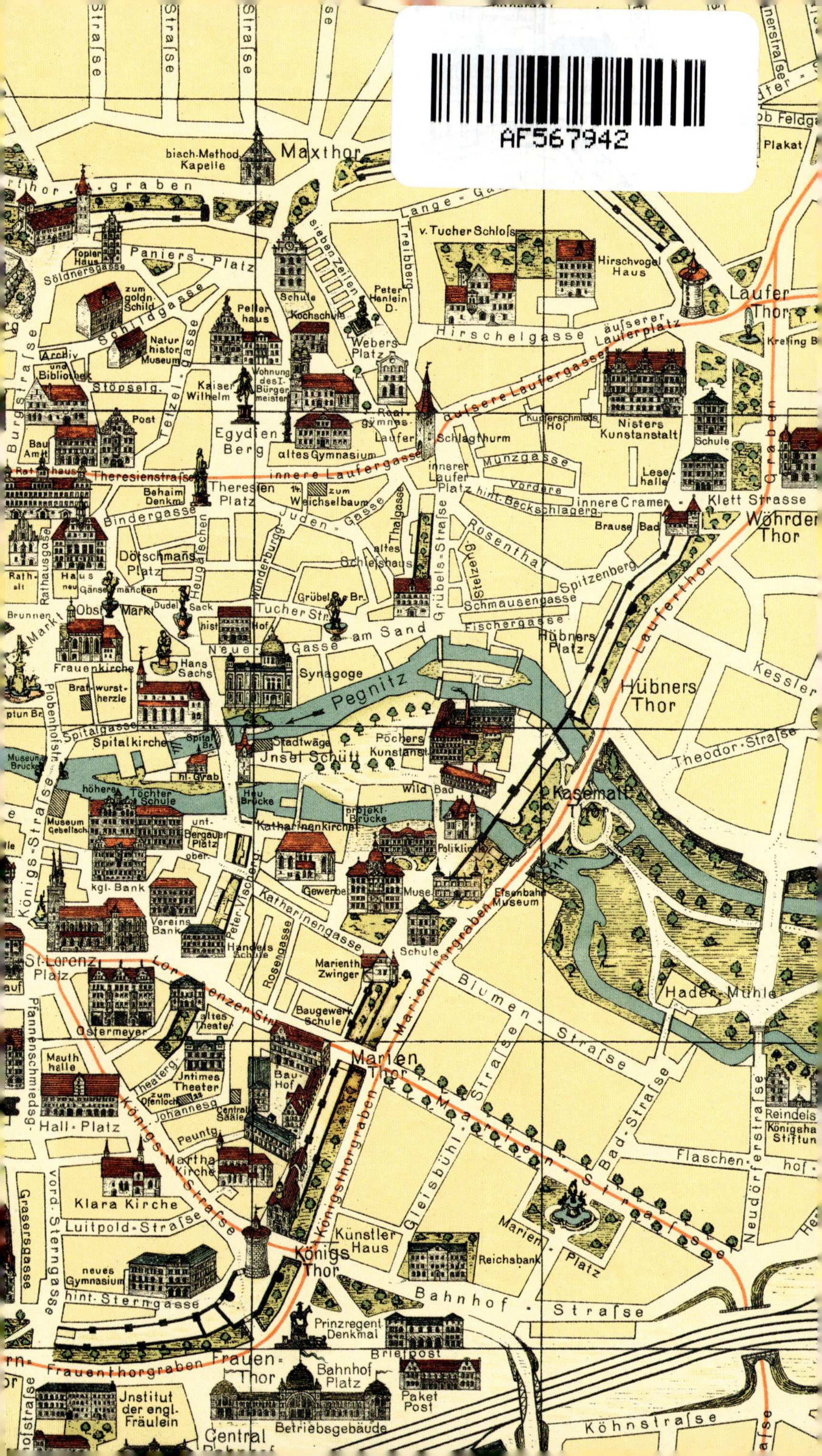
AF567942
Maxthor
Methodisten-Kapelle
v. Tucher Schloss
Hirschvogel Haus
Laufer Thor
Tucher Haus
Söldnersgasse
Paniers-Platz
zum goldn. Schild
Schildgasse
Natur histor. Museum
Archiv und Bibliothek
Stöpselg.
Peller haus
Schule
Kochschule
Peter Henlein D.
Webers Platz
Hirschelgasse
äusserer Laufer platz
Krelling Br.
Kaiser Wilhelm
Wohnung des I. Bürger meisters
Real gymnas.
Egydien Berg
altes Gymnasium
Laufer Schlagthurm
äussere Laufergasse
Kupferschmieds Hof
Nisters Kunstanstalt
Schule
Post
Bau Amt
Tetzelgasse
Theresienstrasse
innere Laufergasse
innerer Laufer Platz
Münzgasse
Vordere
hint. Beckschlagerg.
innere Cramer
Klett Strasse
Wöhrder Thor
Lese halle
Brause Bad
Rathhaus
Behaim Denkm.
Theresien Platz
zum Weichselbaum
Judengasse
Thalgasse
Grübels-Strasse
Rosenthal
Bindergasse
Dötschmans Platz
Wunderburg
altes Schlösshaus
Stelzeng.
Spitzenberg
Schmausengasse
Rathhausgasse
Haus neu
Gänsemännchen
Obst Markt
Dudel Sack
Tucher Str.
Grübel Br.
Fischergasse
Hübners Platz
Laufertor
Brunnen
Markt
Frauenkirche
hist. Hof
Neue Gasse
am Sand
Hans Sachs
Synagoge
Hübners Thor
Kessler
Brat-wurst-herzle
Pegnitz
Spitalgasse
Spitalkirche
Spital Br.
Stadtwäge
Insel Schütt
Pöchers Kunstanst.
Theodor-Strasse
Museums Brücke
Plobenhofstr.
hl. Grab
Wild Bad
höhere Töchter Schule
Heu Brücke
projekt. Brücke
Kasematt Thor
Museum Gebellsch.
unt. Bergauer Platz
ober.
Katharinenkirche
Poliklinik
Königs-Strasse
kgl. Bank
Gewerbe
Muse.
Eisenbahn Museum
Vereins Bank
Peter-Vischerg.
Katharinengasse
Handels Schule
Rosengasse
Schule
Marienth. Zwinger
Hader-Mühle
St. Lorenz Platz
Lorenzer Str.
Blumen-Strasse
Ostermeyer
altes Theater
Baugewerk Schule
Marienthorgraben
Pfannenschmiedsg.
Mauth halle
Theaterg.
Jntimes Theater
zum Ofenloch
Bau Hof
Marien Thor
Neudörferstrasse
Reindels
Königshaus Stiftun
Johannesg.
Central Säale
Hall-Platz
Königs-Strasse
Peuntg.
Martha Kirche
Gleisbühl-Strasse
Marien-Strasse
Bad-Strasse
Flaschen-hof
Klara Kirche
Grasersgasse
vord. Sterngasse
Luitpold-Strasse
Königsthorgraben
Künstler Haus
Reichsbank
Marien-Platz
neues Gymnasium
Königs Thor
hint. Sterngasse
Bahnhof-Strasse
Prinzregent Denkmal
Briefpost
Frauenthorgraben
Frauen Thor
Bahnhof Platz
Paket Post
Jnstitut der engl. Fräulein
Central
Betriebsgebäude
Köhnstrasse

«Nürnberg leuchtet unter den Städten wie die Sonne unter den Gestirnen.» Kein Geringerer als Martin Luther hat die Frankenmetropole in solchen Tönen gelobt. Mit Blick auf einen großen Teil ihrer Geschichte mag man diesem Lob sogar beipflichten. Doch sollte nur der loben, der sich der Historie Nürnbergs auch in ihren düsteren Kapiteln bewußt ist.

Leserinnen und Leser erwartet in dem vorliegenden Band ein ausgewogenes Bild der Nürnberger Stadtgeschichte von den Anfängen bis in unsere Tage. Glanz, Macht und Kultur der alten Reichsstadt werden darin ebenso vermittelt wie die eindrucksvolle Dynamik Nürnbergs beim Aufbruch in die Moderne; aber auch seine Rolle als Stadt der Reichsparteitage in der NS-Zeit wird ungeschönt beschrieben. Den Abschluß der Darstellung bildet die Geschichte des heutigen Nürnbergs als «Stadt der Menschenrechte» – ein Ehrentitel, den es Tag für Tag neu zu erwerben, zu rechtfertigen und zu verteidigen gilt. Dies gilt umso mehr, als Menschen mit Migrationshintergrund in Nürnberg gezielt Opfer rechten Terrors geworden sind, während Transkulturalität das heutige Gesicht der Stadt prägt.

Martin Schieber (1966–2014) hat dieses Buch gemeinsam mit seinen Mitautor:innen Martina Mittenhuber, Alexander Schmidt und Bernd Windsheimer geschrieben – alle engagiert in dem Verein Geschichte Für Alle e.V. – Institut für Regionalgeschichte, der seit 1985 im Dienste der Erforschung und Vermittlung von Stadt- und Regionalgeschichte im Raum Nürnberg, Erlangen, Fürth und Bamberg tätig ist. Für die nun vorliegende Neuauflage wurde diese Geschichte Nürnbergs von Martina Mittenhuber, Alexander Schmidt und Bernd Windsheimer bis in die Gegenwart fortgeschrieben.

Martin Schieber

Geschichte Nürnbergs

C. H. Beck

Dieses Buch entstand unter Mitarbeit von Martina Mittenhuber, Alexander Schmidt und Bernd Windsheimer, die für die Zeit ab 1806 zuständig waren. Es erschien erstmals als Klappenbroschur unter dem Titel «Nürnberg – eine illustrierte Geschichte der Stadt» im Jahr 2000 im Verlag C. H. Beck; ab 2007 wurde es weitergeführt als «Geschichte Nürnbergs». Nach dem viel zu frühen Tod von Martin Schieber (1966 – 2014) wurde für die nun vorliegende Fassung das letzte Kapitel von Martina Mittenhuber, Alexander Schmidt und Bernd Windsheimer erweitert und bis in die Gegenwart fortgeführt.

Mit 69 Abbildungen, davon 36 in Farbe, und 2 Stadtplänen

Vorderer Vorsatz: Monumentalplan Nürnbergs um 1912
Quelle: Geschichte Für Alle e. V.

Hinterer Vorsatz: Zeitgenössischer Plan Nürnbergs,
gezeichnet von Margret Prietzsch, Gröbenzell

2., erweiterte und aktualisierte Auflage. 2022

www.chbeck.de
Gestaltung und Realisation: Büro Caroline Sieveking, München
Umschlagabbildung: Ansicht der Stadt Nürnberg, Holzschnitt, koloriert, 1493. Aus: Hartmann Schedel, Liber chronicarum (Weltchronik), © akg-images
Satz: Eberl & Koesel Studio, Altusried-Krugzell
Druck und Bindung: Pustet, Regensburg
Gedruckt auf säurefreiem und alterungsbeständigem Papier
Printed in Germany
ISBN 978 3 406 78586 3

myclimate

klimaneutral produziert
www.chbeck.de/nachhaltig

Inhalt

Vorwort

Mit «Nürnberg – eine illustrierte Geschichte der Stadt» wendet sich *Geschichte Für Alle e. V.* gleichermaßen an Einheimische und Besucher Nürnbergs. Bescheid zu wissen über die Stadt, in der man lebt oder die man sich als Urlaubsziel erschließen will, wird stets dazu beitragen, sie besser als «Heimat» zu begreifen oder das Erlebnis einer Reise zu vertiefen. Nicht zuletzt trägt die Kenntnis der Geschichte dazu bei, auch die Züge der modernen Stadtentwicklung besser zu verstehen.

Auf der Suche nach Autoren für eine Stadtgeschichte Nürnbergs trat der Verlag C.H.Beck an *Geschichte Für Alle e. V.* heran. Unser Verein ist seit 1985 im Bereich der Erforschung und Vermittlung von Stadt- und Regionalgeschichte im Raum Nürnberg, Fürth und Erlangen tätig. Die vier bei *Geschichte Für Alle e. V* beschäftigten Historiker haben das vorliegende Buch gemeinsam erarbeitet: Martin Schieber hat die Kapitel zur Vorgeschichte und zur reichsstädtischen Zeit bis 1806 verfaßt, Martina Mittenhuber und Bernd Windsheimer sind die Autoren des Abschnitts über die Jahre zwischen 1806 und 1918, und Alexander Schmidt ist Autor der Kapitel über die Weimarer Republik, den Nationalsozialismus und die Zeit nach 1945.

Diese Stadtgeschichte Nürnbergs orientiert sich an den noch sichtbaren historischen Zeugnissen der Stadt und kann daher auch bei einem Spaziergang als eine Art Cicerone verwendet werden.

Natürlich ist die Geschichte Nürnbergs viel reicher an Ereignissen und Persönlichkeiten, als auf knapp 200 Seiten darzustellen möglich sind. So wird niemand erwarten, in diesem Buch alles und jedes erwähnt zu finden, was man über die 950-jährige Geschichte der Stadt erzählen könnte. Oft fiel die Auswahl angesichts der Fülle des Berichtenswerten schwer; aber die Leserinnen und Leser dürfen gewiß sein, bei der Lektüre den wichtigen Weg- und Wendemarken der Geschichte Nürnbergs zu begegnen.

Nürnberg,
im Herbst 1999

Martina Mittenhuber, Martin Schieber,
Alexander Schmidt, Bernd Windsheimer

«Nürnberg» – Mythos einer deutschen Stadt

«Nürnberg ist unter allen Städten, die ich jemals in Teutschland gesehen habe, die allerschönste», urteilte der englische Reiseschriftsteller Edward Brown im Jahre 1686. Zu einer völlig gegenteiligen Einschätzung gelangte Wolfgang Amadeus Mozart, der 1790 reichlich gelangweilt in einem Brief an seine Frau Constanze schrieb: «Zu Nürnberg haben wir gefrühstückt – eine häßliche Stadt.» Wie auch immer: Nürnberg gehört zu den in der Welt wirklich bekannten deutschen Städten. Nürnberg ist jedoch nicht nur eine positive Berühmtheit, denn viele denken zuerst an das «häßliche» Nürnberg, an die «Stadt der Reichsparteitage» und des Judenhassers Julius Streicher oder auch – und das gehört zu den positiven Traditionsbeständen der Stadt – an die Nürnberger Prozesse. Die Stadt Dürers und des Führers – schon lange geht es bei einem Urteil über Nürnberg nicht mehr nur um schön oder häßlich in einem oberflächlichen Sinn.

Nürnberg ist eine Großstadt mit nahezu tausendjähriger Geschichte. Der Mythos «Nürnberg» ist dagegen «nur» gut zweihundert Jahre alt, er ist eine «Entdeckung» der Romantik, die aber auch die Gegenwart der Stadt prägt. Vieles von dem, was an gotischen Spitzgiebeln und echter «teutscher Kunst» noch übrig war und worüber die Erlanger Studenten Ludwig Tieck und Heinrich Wackenroder im Jahr 1793 begeistert schrieben, wurde im 19. und 20. Jahrhundert abgerissen, überbaut und verändert. So vernichteten die Bombennächte des Zweiten Weltkrieges nicht das historische Original, sondern eine vielfach veränderte Version Alt-Nürnbergs, welche die Nationalsozialisten kurz vor der Zerstörung noch einmal gründlich «entschandelt» hatten, wie das damals hieß. Der Wiederaufbau hat die Reste vergleichsweise schonend behandelt, so daß der Mythos Nürnberg noch spürbar ist und ein Gang durch die heutige Stadt noch immer eine Offenbarung mittelalterlicher Kunst sein kann: verwinkelte und steile Gassen, Stadtmauertürme, wunderschöne gotische Kirchen mit originaler Ausstattung und über allem die

Kaiserburg, eine der größten Burganlagen ihrer Zeit. Nürnberg ist auch heute noch ein Bilderbuch mittelalterlicher Stadtgeschichte.

«Nürnberg» – das ist jedoch nicht nur die Geschichte der Nürnberger Altstadt als Architekturkunstwerk. Nürnberg wurde geprägt von den Menschen, die in der Stadt und zwar in der ganzen Stadt, lebten. Nicht die herrschende Schicht allein ermöglichte den Aufstieg Nürnbergs zur spätmittelalterlichen Metropole, es war vielmehr das Zusammenwirken von Handwerk und Handel, von Bürgerschaft und Rat.

Der romantische Mythos des Spätmittelalters droht in der Wahrnehmung von außen Nürnbergs zweite große Zeit zu verdecken: die

1 Das Bratwurstglöcklein, das an die Moritzkapelle am Sebalder Platz angebaut war, galt bis zu seiner Zerstörung im Zweiten Weltkrieg als ein touristisches «Muß» jedes Nürnberg-Besuches. Es verkörperte das Butzenscheiben- und Bratwurst-Image der Stadt und war eines der häufigsten Postkartenmotive. Postkarte um 1910.

Zeit der Fabrikschlote und der ersten Eisenbahn Deutschlands, die Zeit des «roten Nürnberg» und der großbürgerlichen Fabrikherren. Mancher Besucher stellt erst vor Ort erstaunt fest, daß Nürnberg trotz seiner Altstadtmauer mit ihren Türmen eine ausgewachsene, moderne Großstadt ist.

2 Außerhalb Deutschlands wird das Nürnberg-Bild vielerorts noch immer geprägt durch die Rolle der Stadt im Nationalsozialismus. Fotografie der Firma Heinrich Hoffmann 1938.

Im Nationalsozialismus war Nürnberg als «Stadt der Reichsparteitage» und der rassistischen «Nürnberger Gesetze» ein Symbolort der Nationalsozialisten und hat deshalb heute, als Stadt des Friedens und der Menschenrechte, eine besondere Verpflichtung. Eine Suche nach der Wahrheit hinter dem Mythos «Nürnberg» verspricht eine spannende Zeitreise von Sigena bis in unsere Gegenwart.

Der Nürnberger Raum vor 1050

Das Naturhistorische Museum in Nürnberg bewahrt einen unscheinbaren, aber bedeutenden Schatz. Es ist ein Zahn, das älteste Zeugnis eines Menschen in Bayern. Gefunden wurde er in der Höhle von Hunas bei Hartmannshof in einem Seitental der Pegnitz. Über den steinzeitlichen Menschen, dem der Zahn gehörte und der vor etwa 120.000 Jahren lebte, wissen wir natürlich nichts. Er dürfte als Jäger und Sammler gelebt haben, und vielleicht war die Hunaser Höhle für ihn auch wegen ihrer herrlichen Aussicht ein bevorzugter Platz. Eines zeigt der Zahn in jedem Fall: Das Pegnitztal und seine Seitentäler sind schon seit langer Zeit besiedelt.

Geologisch betrachtet ist das Land zwischen Main und Donau Teil des süddeutschen Schichtstufenlandes. Der Nürnberger Raum liegt im Bereich der Keuperschicht, die im Westen mit Steigerwald und Frankenhöhe beginnt und im Osten in die Frankenalb mit ihren Juraböden übergeht. Der Begriff Keuper bezeichnet den Sandstein, der für Nürnberg und seine Umgebung auch als Baumaterial prägend werden sollte. Die beiden Arten des Sandsteins, der Blasen- und der Burgsandstein, verwittern recht schnell, so daß große Sandauflagerungen entstanden, die sogar namengebend wirkten, etwa im Falle von Neunkirchen am Sand.

Der karge Sandboden war ursprünglich bewaldet, hohe landwirtschaftliche Erträge konnten aus ihm nicht gewonnen werden. Die ausgedehnten Waldgebiete des Reichswaldes umschließen bis heute Nürnberg im Nord- und Südosten. Der Holzreichtum stellte für den späteren wirtschaftlichen Aufschwung einen wichtigen Faktor dar, während sich der Umstand, daß die Pegnitz für einen regelmäßigen Warenverkehr ungeeignet war, als Nachteil erwies.

Die frühesten Siedlungsspuren der Gegend sind im Bereich der Pegnitz, ihrer Nebentäler und des anschließenden Albvorlandes zu finden. Neben der bereits erwähnten Höhle von Hunas zeugen weitere Fundorte von steter Besiedlung über Alt-, Mittel- und Jungsteinzeit hinweg bis zur Bronze- und Eisenzeit. Das Naturhistorische

Museum und die vor- und frühgeschichtliche Abteilung des Germanischen Nationalmuseums zeigen ein breites Spektrum dieser Funde.

Zwei Stücke sind besonders interessant. Zum einen das Speikerner Reiterlein, eine kleine Tonfigur eines auf einem Pferd reitenden Mannes. Es stammt aus einem Grabhügel der Hallstattzeit (circa 750 bis 450 vor Christus) in der Nähe von Speikern im Tal der Schnaittach, einem Nebenfluß der Pegnitz. Während das Reiterlein im Naturhistorischen Museum gerade durch seine archaische Schlichtheit besticht, fasziniert im Germanischen Nationalmuseum die glänzende Pracht eines der bedeutendsten Funde aus der Bronzezeit, der in Süddeutschland je gemacht wurde: der Goldkegel von Ezelsdorf. Der knapp 90 Zentimeter hohe Kegel verrät die hohe Kunstfertigkeit des Goldschmieds, der ihn einst geschaffen hat. Über die Verwendung des Kegels kann nur spekuliert werden, sicher dürfte jedoch seine Bestimmung für religiöse Zwecke sein. So könnte er als Bekrönung eines Pfahles für einen Sonnenkult gedient haben.

3 Ein um 1200 vor Christus vergrabener Schatz wurde 1994 bei Bauarbeiten im Stadtteil Mögeldorf entdeckt. Die 61 in einem Tongefäß verborgenen bronzenen Teile legen Zeugnis von urnenfelderzeitlicher Besiedlung im heutigen Nürnberger Stadtgebiet ab. Original Bronzegußteile um 1200 v. Chr.

Um 400 vor Christus wird erstmals ein Volk namentlich faßbar, das in Nürnbergs Umgebung seine Spuren hinterlassen hat – die Kelten. Sie legten bereits stadtähnliche Siedlungen an, von denen sich eine als typische Höhensiedlung auf der Houbirg oberhalb von Happurg bei Hersbruck befand. Die keltischen Stämme wurden gut 300 Jahre später von den germanischen Hermunduren verdrängt. Diese kamen im ersten nachchristlichen Jahrhundert unter römischen Einfluß, als das Römische Reich über die Donau hinaus nach Norden ausgriff. Der Limes, die römische Grenzmarkierung, verlief etwa fünfzig Kilometer südlich von Nürnberg. Dort befand sich im Bereich der Stadt Weißenburg das Castell Biriciana, dessen Überreste auch heute noch einen Ausflug dorthin lohnen. Neben den Ausgrabungen der Thermen sind vor allem die zierlichen Götterstatuetten eines Schatzfundes zu bewundern.

In der Mitte des dritten Jahrhunderts drängten die germanischen Alamannen die Römer bis an die Donau zurück. Doch auch sie blieben nicht auf Dauer; Franken und Bayern waren es, die für den Nürnberger Raum bestimmend werden sollten. Die Bayern wurden im sechsten Jahrhundert zum ersten Mal erwähnt und bewohnten große Teile der früheren römischen Provinzen Rätien und Noricum östlich des Lechs. Sie weiteten ihr Siedlungsgebiet nach Norden über die Donau hinaus aus und bildeten dort den sogenannten bayerischen Nordgau. Typisch für bayerische Siedlungen sind die Orte mit der Endung «-ing», also etwa Heuchling bei Lauf an der Pegnitz.

Eine andere «Landnahme» erfolgte von Nordwesten her: die der Franken. Dieses germanische Volk siedelte ursprünglich im Gebiet um Maas und Schelde. Nach dem Ende des Weströmischen Reiches gelang es ihnen, große Teile der römischen Provinz Gallien unter ihre Herrschaft zu bringen – die Grundlage für den Namen Frankreich. Die Franken dehnten ihr Herrschaftsgebiet auch östlich des Rheins aus. 531 besiegte König Theuderich das Thüringerreich, wodurch den Franken der Weg nach Franken offenstand.

Im Raum Nürnberg trafen beide Stämme zusammen: Rednitz und Regnitz bildeten die Westgrenze des bayerischen Nordgaues, der damit auch das heutige Nürnberger Stadtgebiet umfaßte. Mit der Gründung von Königshöfen wie Forchheim oder Fürth sicherte sich die fränkische Königsmacht spätestens im achten Jahrhundert das Gebiet westlich von Rednitz und Regnitz und auch Teile des Nordgaues als Reichsgut.

Der bayerische Einfluß blieb aber unverkennbar – dialektkundlich zählt die Nürnberger Mundart zur nordbairischen Sprache. Die Grenze zum Fränkischen verläuft nordwestlich von Nürnberg, etwa auf einer Linie Burgfarrnbach – Erlangen – Pottenstein. Während die Nachbarstadt Fürth also noch zum Nürnberger Dialektgebiet gehört, ist dies bei der nördlichen Nachbarin Erlangen schon nicht mehr der Fall. Doch ganz so einfach liegen die Dinge nicht. Ein breiter Streifen des nordbairischen Dialekts zwischen Nürnberg und Eichstätt ist stark mit ostoberfränkischen Sprachelementen durchsetzt. So spiegelt sich in der Sprache das Neben- und Gegeneinander beider Stämme wider: Der Raum Nürnberg gehörte im frühen Mittelalter zum bayerischen Nordgau und nahm die bairische Sprache an. Der wachsende Einfluß der fränkischen Reichsgewalt führte aber schließlich zur Ausprägung einer bairisch-fränkischen Mischform.

NVREMBERGA
Lorennūs.
S. Sebaldus.

I. Eine steile Karriere – Nürnberg als Zentrum des Reiches

Von Sigena bis zum Nürnberger Anstand – Politik und Gesellschaft bis zur Reformation

Eine adelige Niederlassung war die Keimzelle Nürnbergs. Sie entstand im 10. Jahrhundert auf dem Norenberc. So nannte man den heutigen Burgberg, der markant über fünfzig Meter aus der Ebene aufragt und eine Höhe von 350 Metern über dem Meeresspiegel erreicht. Seine mächtigen Sandsteinfelsen, auf denen die Burg errichtet ist, beeindrucken noch immer. Die Felsen – althochdeutsch nuorin – waren in der bewaldeten Gegend so auffallend, daß sie dem Berg, der Burg und der zu ihren Füßen entstehenden Siedlung den Namen gaben.

Als Erbauer der Wehranlage kommen die Grafen von Schweinfurt in Betracht. Sie verfügten im Raum zwischen Main und Vils über weite Besitzungen. Eine Brandschicht, die bei Grabungen aufgefunden wurde, belegt die Zerstörung dieser ersten Burg. Möglicherweise geschah sie im Zusammenhang mit der Niederschlagung des Aufstandes von Heinrich II. von Schweinfurt gegen König Heinrich II. im Jahr 1003.

Für das Reich waren bis Mitte des 11. Jahrhunderts andere Plätze der Umgebung bedeutsam. Fürth, am Zusammenfluß von Pegnitz und Rednitz, zählte ebenso dazu wie die alte karolingische Pfalz Forchheim oder der Ort Roßtal, aber auch Velden im Pegnitztal. Diese Orte waren königlicher Besitz und immer wieder Stützpunkte des im Reich noch ohne feste Residenz umherziehenden Herrschers. Ab 1007 gingen sie infolge der Kirchenpolitik Heinrichs II. dem Reich verloren, weil er sie seiner Neugründung, dem Bistum Bamberg, als Ausstattung übertrug. Seine Nachfolger Konrad II. und Heinrich III. strebten dagegen eine Konsolidierung des Reichsbesitzes in Franken an – zuviel Reichsgut hatte man bereits eingebüßt. Dazu war ein neuer Stützpunkt nötig, der Ausstattung für Bamberg den Herrschern ersetzen konnte. Konrad II. hielt sich zweimal, 1025 und 1030, nachweislich am Königshof Mögeldorf auf. Es dürfte dann um 1040 sein Sohn Heinrich III. gewesen sein, der sich nun den Nürnberger Burgberg als Stützpunkt aussuchte.

Freiheit für Sigena

Sicher ist, daß Heinrich III. 1050 in Nürnberg weilte. Die Urkunde, die er am 16. Juli mit dem Vermerk «Actum Norenberc» hier ausstellte, ist das erste schriftliche Zeugnis für den Ort. Es war eine private Rechtsangelegenheit, die durch dieses Dokument besiegelt wurde. Der Kaiser entließ Sigena, die Hörige eines Edlen namens Richolf, aus ihrer Unfreiheit. Diese Freilassung kam einer Erhebung in den Adelsstand gleich und gab Sigena die Möglichkeit der gültigen Eheschließung mit einem Adeligen. Sympathischerweise steht damit eine freigelassene Frau am Anfang der schriftlichen Überlieferung zur Nürnberger Geschichte, kein militärischer oder machtpolitischer Akt.

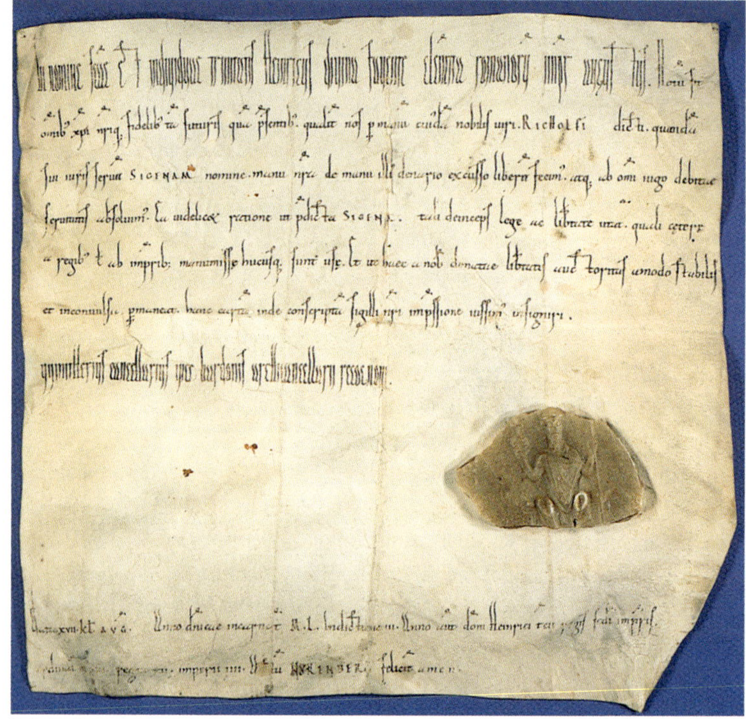

Natürlich war Heinrich III. nicht extra zu Sigenas Freilassung angereist, sie war ein Nebenprodukt seiner Anwesenheit anläßlich eines Hoftages. Im selben Jahr, 1050, berichten nämlich die Annalen des niederbayerischen Klosters Niederaltaich, daß sich Heinrich in Nürnberg mit den Großen des Herzogtums Bayern traf, um über die Ungarneinfälle im Südosten des Reiches zu beraten. Immerhin war die königliche Niederlassung Nürnberg in der Lage, die Teilnehmer eines Hoftages unterzubringen und zu versorgen.

Das Gesicht der jungen Siedlung

Der neue Stützpunkt hatte um 1050 noch bescheidene Ausmaße. Auf der höchsten Stelle des Burgberges, im Bereich des heutigen Palas – dem Hauptgebäude der Kaiserburg –, stand nach neuesten Untersuchungen ein Saalbau. In dieser repräsentativen Halle hatte Heinrich III. wohl die bayerischen Adeligen um sich versammelt. Wohn- und vor allem Befestigungseinrichtungen dürften auf dem Burgberg vorhanden gewesen sein, sind aber nicht mehr exakt lokalisierbar. Zwei Wirtschaftshöfe ergänzten die Anlage – einer nördlich der Pegnitz bei St. Egidien und einer auf der Terrasse südlich des Flusses bei St. Jakob.

Das Pegnitztal bildete eine sumpfige Landschaft und konnte nur bei der Insel Schütt und am heutigen Hallertor überquert werden. Um die Versorgung der Menschen im königlichen Stützpunkt sicherzustellen, wurden im Norden und Westen Waldflächen gerodet und urbar gemacht, wobei neue Rodungsdörfer entstanden. Die Urbarmachung von Land war umso wichtiger, als sich im Laufe des 11. Jahrhunderts am Südhang des Burgberges eine Siedlung entwikkelte. Zwischen Paniersplatz und Tiergärtnertor siedelten sich Handwerker und Kaufleute an, denn sie konnten von einem kaiserlichen Privileg für Nürnberg profitieren. Heinrich III. hatte nämlich auf die neue Siedlung die Markt-, Münz- und Zollrechte von Fürth, das seit Heinrich II. bambergisch war, übertragen.

4 *Die* Sigena-Urkunde *Kaiser Heinrichs III. vom 16. Juli 1050 mit der ersten urkundlichen Nennung Nürnbergs. Die Freigelassene Sigena entfaltete ihre Fernwirkung erst im 20. Jahrhundert. Bei den Feiern zum 900. Stadtjubiläum 1950 galt sie als «Symbol der Freiheit nach einer Zeit verordneter Unfreiheit» im* Nationalsozialismus. *Original Pergament 1050.*

Der Stadtpatron Sebaldus

Neben der königlichen Niederlassung gab es seit der zweiten Hälfte des 11. Jahrhunderts ein weiteres Motiv, sich nach Nürnberg aufzumachen – das Grab des Sebaldus. In den Augsburger Annalen zum Jahr 1070 wird zum ersten Mal über ihn berichtet: «In Nürnberg leuchtete der heilige Sebaldus durch Wunder». Zwei Jahre später schrieb der Chronist Lampert von Hersfeld, daß das Grab des Heiligen wegen zahlreicher Wunderheilungen von großen Wallfahrtszügen besucht werde. Sebaldus, der bis heute an seinem Gedenktag, dem 19. August, mit einer ökumenischen Andacht in «seiner» Kirche St. Sebald als Stadtpatron geehrt wird, war allem Anschein nach ein frommer Einsiedler im Reichswald. Er lebte wohl in der ersten Hälfte des 11. Jahrhunderts und wurde nach seinem Tod in der Peterskapelle bestattet, die am südlichen Rand der neuen Siedlung Nürnberg lag. Sie sollte die Keimzelle der heutigen Sebalduskirche werden. Alle späteren Versatzstücke in Lebensbeschreibungen des Sebaldus sind tatsächlich Legenden und sollten den Stadtpatron aufwerten. Der Einsiedler, der seinen Zeitgenossen als Heiliger galt, mußte jedoch bis zum Jahr 1425 auf seine offizielle Heiligsprechung durch den Papst warten. Ein Jahrhundert später wechselte Nürnberg im Zuge der Reformation zwar die Konfession, aber auch die fortan evangelische Stadt erinnerte sich ihres Patrons. So gibt es bis in die Gegenwart in der evangelischen Sebalduskirche eine eigenartige Zeremonie: Etwa alle dreißig Jahre, zuletzt 1993, überprüft eine Kommission von Vertretern aus Kirche und Öffentlichkeit, ob alle im Sebaldusschrein aufbewahrten Reliquien des Heiligen noch unversehrt und vollständig vorhanden sind.

5 Das Sebaldusgrab aus der Werkstatt Peter Vischers und seiner Söhne entstand zwischen 1508 und 1519. Es birgt den Schrein mit den Reliquien des Nürnberger Stadtpatrons. Fotografie 1957.

Als Nürnberg entstand, war die Region von der kirchlichen Organisation schon erfaßt. Die Kapellen, die in der jungen Siedlung entstanden, lagen damit auf dem Gebiet bereits bestehender Pfarreien. Nördlich der Pegnitz war Poppenreuth, südlich davon Fürth zuständig. Erst im 14. Jahrhundert wurden die neuen Verhältnisse anerkannt und die Sitze der Pfarrer nach Nürnberg verlegt. Der für das Stadtgebiet zuständige

Bischof saß in Bamberg, unmittelbar südlich von Nürnberg begann das Bistum Eichstätt. Kirchliche Grenzen sind sehr stabil, so daß sie in den Grundzügen bis in die Gegenwart erhalten blieben. Der größte Teil Nürnbergs gehört nach wie vor zum Bamberger Sprengel, einige Stadtteile im Süden wie Langwasser oder Reichelsdorf zu Eichstätt.

Wachstum unter Saliern und Staufern

Um die Wende zum 12. Jahrhundert wurden Burg und Siedlung Nürnberg in den salischen Familienstreit hineingezogen. Heinrich V. hatte 1104 seinen Vater Heinrich IV. für abgesetzt erklärt und suchte seine Macht militärisch durchzusetzen. Er belagerte dabei auch Nürnberg und konnte die Burg schließlich einnehmen, welche wie Teile der Siedlung in Flammen aufging. Der Wiederaufbau erfolgte rasch, was man daraus schließen kann, daß sich Heinrich V. schon 1108 wieder in Nürnberg aufhielt. Sein Privileg für Worms von 1112 gewährte den Handeltreibenden aus der Bischofsstadt am Rhein Zollfreiheiten in Nürnberg, was den Rückschluß erlaubt, daß der Ort als Handelsstützpunkt bereits einige Bedeutung erlangt hatte.

Das Ende des salischen Kaiserhauses mit dem Tod Heinrichs V. im Jahr 1125 brachte erneut unruhige Zeiten für Burg und Siedlung Nürnberg. Zum Nachfolger Heinrichs wählten die Fürsten Lothar von Süpplingenburg, den Herzog von Sachsen. Von der Familie der Staufer und ihren Anhängern wurde sein Königtum aber nicht anerkannt. Sie betrachteten sich als die Erben der Salier, beanspruchten auch Nürnberg für sich und besetzten die Burg. König Lothar wollte seine Macht durchsetzen und belagerte Nürnberg zweimal. 1127 mußte er nach einigen Monaten vergeblicher Belagerung wieder abziehen, war aber drei Jahre später umso erfolgreicher. Nürnberg wurde eingenommen und von Lothar an seinen Schwiegersohn, Herzog Heinrich den Stolzen von Bayern, übergeben. Bei beiden Belagerungen dürfte die Siedlung zu Füßen der Burg teilweise zerstört worden sein. Ihre Entwicklung schien nun in andere Bahnen zu lau-

6 Die ständische Gliederung der mittelalterlichen Gesellschaft manifestierte sich in der Doppelkapelle der Kaiserburg. Die untere Kapelle diente dem Gesinde zum Gottesdienst, die hier abgebildete obere Kapelle war dem Adel vorbehalten. Fotografie 1935.

fen; sie war nicht länger königliches Gut, sondern Grenzbefestigung des Herzogtums Bayern nach Nordwesten hin.

Nach wenigen Jahren wendete sich das Blatt erneut, als im Jahr 1138 mit Konrad III. der erste Staufer den Thron bestieg. Jetzt sollten die Weichen endgültig für Nürnbergs glanzvolle politische und wirtschaftliche Entwicklung während der nächsten Jahrhunderte gestellt werden.

Schon in den ersten Jahrzehnten staufischer Herrschaft erhielt die Entwicklung Nürnbergs zur Stadt den entscheidenden Impuls. Auf der Terrasse über dem südlichen Pegnitzufer entstand eine planmäßig angelegte Siedlung, die heutige Lorenzer Stadt. Viele Bewohner der Sebalder Stadt zu Füßen der Burg waren als kaiserliche Dienstleute vornehmerer Herkunft als die Menschen in der neuen Siedlung südlich der Pegnitz, bei denen es sich meist um kleine Handwerker, Kaufleute oder Dienstboten handelte.

Die Gründung der Lorenzer Stadt und das Wachstum der älteren Siedlung auf der Sebalder Seite gaben Nürnberg nun mehr und mehr den Charakter einer Stadt. So wird es im Jahr 1163 als «burgus» bezeichnet, was das Vorhandensein einer Befestigung voraussetzt. Es dürfte sich allerdings eher um eine Palisade mit Graben davor als um eine feste Mauer gehandelt haben. Eine Stadtmauer existierte erst ab Mitte des 13. Jahrhunderts, wobei beide Stadthälften gesondert befestigt waren. Der feuchte Pegnitzgrund war für eine Bebauung schlecht geeignet. Im Laufe des 12. Jahrhunderts schob sich der südliche Rand der Sebalder Stadt bis dicht an den Fluß heran. An einer für Bebauung denkbar ungünstigen Stelle entstand im Bereich von Haupt- und Obstmarkt das jüdische Viertel der hochmittelalterlichen Stadt.

Unsichere Heimat in Nürnberg: die jüdische Gemeinde

Die erste sichere Nachricht über Juden in Nürnberg stammt aus der Feder des Chronisten Otto von Freising. Er berichtet, daß Juden, die vor Verfolgungen im Rheinland geflohen waren, 1146 Aufnahme in Nürnberg fanden. Es war Konrad III., der den Verfolgten Schutz gewährte und ihnen das Siedlungsgebiet zuwies. Die Häuser mußten in dem sumpfigen Überschwemmungsgebiet an der Pegnitz aufwendig auf in den Boden getriebene Holzpfähle gesetzt werden. Die wirtschaftliche Anziehungskraft Nürnbergs führte dazu, daß die jüdische Gemeinde der Stadt um 1290 mit über 1.000 Personen zu einer der größten in Süddeutschland geworden war. Sie brachte einen der wichtigsten jüdischen Gelehrten des deutschen Mittelalters hervor: Mordechai ben Hillel, der um 1240 in Nürnberg geboren wurde. Er lebt in seiner Sammlung *Sefer Mordechai* fort, in der er Zitate von über 350 Talmudgelehrten zusammengetragen hat. Ben Hillel fiel der sogenannten Rindfleisch-Verfolgung zum Opfer. Anführer dieses Pogroms, das in ganz Franken im Sommer 1298 einige tausend Opfer forderte, war ein Fleischermeister namens Rindfleisch aus Röttingen an der Tauber. In Nürnberg wurden 628 Männer, Frauen und Kinder ermordet.

Wo blieb die an sich für den Schutz der Juden zuständige königliche Gewalt? Der Thronstreit zwischen Adolf von Nassau und Albrecht von Habsburg in den 1290er Jahren und eine daraus resultierende Rechtsunsicherheit hatten die Pogrome erst möglich gemacht. Als König Albrecht von Habsburg seine Macht durchgesetzt hatte, zog er im September 1298 nach Nürnberg, wo er die Aufrührer bestrafte und dafür sorgte, daß die jüdische Gemeinde erneut aufblühen konnte. Dahinter standen auch finanzielle Interessen des Herrschers, zahlte doch die Minderheit der Nürnberger Juden ebensoviel Steuern an das Reich wie der Rest der Einwohnerschaft zusammen.

Burggraf und Schultheiß

Eine Verwaltungsstruktur im Inneren der Stadt bildete sich nur langsam und aus verschiedenen Wurzeln. Ursprung aller Gewalt in und um Nürnberg war das Königtum. Besonders die staufischen Herrscher verstanden es, aus dem Gebiet ein wirkliches Reichsland zu machen, den Einfluß des Adels zu beschränken und so die Güter und Steuereinnahmen der Zentralgewalt zuzuführen.

Träger dieser Entwicklung vor Ort waren die sogenannten Ministerialen. Es handelte sich dabei um Familien, die ursprünglich Unfreie waren, sich aber im Dienst als Verwalter königlicher Ämter oder Besitztümer bewährt hatten. Ihre Treue zum Königtum wurde belohnt; die Ministerialität wurde zu einer dem Adel vergleichbaren Gesellschaftsschicht, bei der sich im Laufe der Jahrhunderte die

Grenze zum alten Geblütsadel immer mehr verwischte. Im Nürnberger Umland entstanden in zahlreichen Orten Burgen von Ministerialenfamilien, so in Eschenau oder Gründlach. Auch die Burg Thann zählt dazu, deren Ruine über dem Tal der Schwarzach südöstlich von Nürnberg noch heute beeindruckt. In der Stadt waren Wohn- oder Geschlechtertürme die Sitze solcher Familien. Während sich diese Türme in Regensburg oder San Gimignano in der Toscana in großer Zahl erhalten haben, ist in Nürnberg nur noch ein einziger zu sehen, und zwar das Nassauerhaus am Lorenzer Platz.

Der Burggraf als der höchste Repräsentant des Herrschers in Nürnberg entstammte dem Hochadel und führte das militärische Kommando über Burgmannschaft, Reichsministerialität und Stadt. Bis zu ihrem Aussterben 1190 bekleidete die Familie der Raabser dieses Amt. Ihnen folgte mit den Zollern durch die Gunst Kaiser Heinrichs VI. ein bis dahin eher unbedeutendes schwäbisches Geschlecht. Mit der Übertragung des Nürnberger Burggrafenamtes begann der Aufstieg dieser Familie, die schließlich unter ganz anderen Vorzeichen von 1871 bis 1918 die deutsche Kaiserkrone tragen sollte.

Für die Stadt war der Schultheiß am wichtigsten, der den Herrscher in seiner Funktion als Stadt- und Gerichtsherr vertrat und erstmals 1173 faßbar wird. Die Gewinnung des Schultheißenamtes für ein Mitglied des Rates bildete im 14. Jahrhundert einen gewissen Endpunkt in der Ausbildung bürgerlicher Selbstverwaltung. Aus kaiserlicher Sicht war die Nürnberger Bürgerschaft in erster Linie Steuergemeinde; als solche fand sie sich im *Großen Freiheitsbrief* Friedrichs II. aus dem Jahr 1219 wieder. Eine der wichtigsten Bestimmungen dieser Urkunde war, daß die Bürger nicht mehr einzeln, sondern als Gemeinschaft steuerpflichtig waren. Um die Steuern einzusammeln, war der Aufbau einer Verwaltung nötig.

Die Entstehung bürgerlicher Selbstverwaltung

Die Treue, welche die Stadt den Staufern entgegengebracht hatte, konnte sie nach dem Tod des letzten männlichen Nachkommen der Familie, Konradin, den bayerischen Herzögen Heinrich und Ludwig als Erben nicht mehr erweisen. Sie betrachteten Nürnberg nicht als Reichsgut, sondern als Hausgut der Staufer, auf das sie Anspruch erheben konnten. Damit bestand die Gefahr, in das bayerische Herzogtum eingegliedert zu werden, was nicht im Sinne der sich bildenden bürgerlichen Selbstverwaltung sein konnte. So schloß sich die Stadt den Gegnern der Wittelsbacher Herzöge an und konnte sich ohne großen Schaden durch die Zeit des sogenannten Interregnums retten, in der eine starke kaiserliche Zentralgewalt fehlte.

Nicht nur von außen war die Selbständigkeit der Stadt bedroht, denn auch der Burggraf schickte sich an, seine Stellung zu verbessern. Er konnte beispielsweise das Amt des Butiglers unter seine Kontrolle bringen. Einen weiteren Erfolg errang Burggraf Friedrich III. nach der Wahl Rudolfs von Habsburg zum König. Vom neugewählten Herrscher erhielt Friedrich die Burggrafschaft Nürnberg abermals zu Lehen, die weibliche Thronfolge wurde ihm zugesichert und neben einigen Gütern und Einkünften erhielt er das kaiserliche Landgericht Nürnberg übertragen.

Doch nicht nur die Gegner einer städtischen Selbstbestimmung erhielten durch das Interregnum Auftrieb. Ein Rat begann sich auszubilden, und die später im Rat vertretenen Ämter wie die Schöffen und Genannten fungierten als vom Schultheißen berufene Angehörige des Stadtgerichtes. Der Butigler konnte, möglicherweise mit Hilfe König Rudolfs von Habsburg, ganz ausgeschaltet werden. Damit war die Stadt ein eigener Gerichts- und Verwaltungsbezirk geworden, organisiert im Zusammenwirken von Schultheiß und Rat.

Endgültig konsolidierte sich die oligarchische, auf eine kleine Führungsgruppe orientierte Ratsverfassung erst nach dem Handwerkeraufstand von 1348/49. Sie sollte dann annähernd 450 Jahre unverändert Bestand haben und erhielt viel Lob, etwa in der Schrift *De ritu, situ, moribus et conditione Germaniae descriptio*, einer Generalbeschreibung Deutschlands des Kardinals und späteren Papstes Pius II., Aeneas Sylvius de Piccolomini, der das «vortreffliche» Regiment des Nürnberger Rates rühmte.

Der Rat beruhte auf einem komplizierten Balancesystem, in dem vor allem das Dienstalter maßgeblich für den Einfluß der Mitglieder war und das allzu große Machtfülle einzelner Personen oder Familien verhinderte.

Da der Große Rat, dem etwa 300 Genannte aus ehrbaren Familien, der Kaufmannschaft oder dem Handwerk angehörten, faktisch

7 Das Gemälde von Lorenz Hess zeigt den großen Rathaussaal nach Westen. In dem 39 Meter langen Saal tagte das Stadtgericht, und der Kaiser nahm die Huldigung der Bürger entgegen. Wichtige Ereignisse wie das Religionsgespräch 1525 oder das Friedensmahl 1649 fanden hier ihren würdigen Rahmen. Die von Albrecht Dürer und Willibald Pirckheimer entworfene Dekoration der Wände wurde im Zweiten Weltkrieg völlig zerstört. Ölgemälde auf Holz von Lorenz Hess 1626.

kaum Einfluß hatte, war der Kleine Rat die eigentliche Machtzentrale: Die 34 patrizischen Ratsmitglieder setzten sich aus acht alten Genannten und 26 Bürgermeistern zusammen. Letztere konnten auch in dreizehn Scabini (Schöffen) und dreizehn Consules eingeteilt werden. Aus dem Kleinen Rat bildete sich der Ausschuß der Älteren Herren, in etwa einem heutigen Ministerrat vergleichbar. Aus diesem Kreis wurden drei Oberste Hauptleute bestimmt, denen die Verteidigung unterstand; zudem waren sie als Kronhüter für die Sicherheit der Reichskleinodien verantwortlich. Zwei der drei obersten Hauptleute bildeten nun das Paar der Losunger, denen die Finanzverwaltung oblag. Diese beiden Ratsherren waren die höchsten Repräsentanten der Stadt. Seit dem Handwerkeraufstand gehörten dem Kleinen Rat zusätzlich acht Handwerker an, die allerdings kein Stimmrecht besaßen.

Die Gesellschaftsschicht, aus der die Ratsherren kamen, war das städtische Patriziat. Die ältesten der Patrizierfamilien wie die Muffel, die Pfinzing, die Haller oder die Stromer entstammten der Reichsministerialität und hatten schon in staufischer Zeit führende Positionen inne. Zu ihnen traten im 14. und 15. Jahrhundert zugezogene Familien aus der Führungsschicht anderer Städte hinzu, zum Beispiel die Welser aus Augsburg oder die Topler aus Rothenburg ob der Tauber. Macht und Reichtum des Patriziats präsentieren sich eindrucksvoll in den städtischen Wohnhäusern, wie das Tucherschloß noch heute anschaulich unter Beweis stellt. Während vom Welserschen Wohnhaus Zur Goldenen Rose in der Theresienstraße 7 noch die spätgotische Eingangshalle und der Hof erhalten sind, wurde das berühmte Toplerhaus, das in seiner exponierten Lage am Paniersplatz zu den berühmtesten Nürnberger Bürgerhäusern zählte, im Zweiten Weltkrieg völlig zerstört. An seiner Stelle steht heute ein gesichtsloses Gebäude aus der Nachkriegszeit.

Mönche, Nonnen und Ordensritter

Im mittelalterlichen Nürnberg entwickelte sich eine blühende klösterliche Kultur, deren Überreste noch in der Gegenwart Bewunderung hervorrufen. In der Stadtbibliothek erhielt sich ein Gutteil der Handschriften aus dem Dominikanerinnenkloster St. Katharina. Sie legen Zeugnis von der Gelehrsamkeit und Frömmigkeit dieser Nonnengemeinschaft ab, welche die größte Büchersammlung eines deutschen Frauenklosters im späten Mittelalter ihr eigen nennen konnte.

Die erste klösterliche Niederlassung Nürnbergs geht auf den alten Orden der Benediktiner zurück. Um 1146 erhielten irische Mönche aus der Hand Konrads III. den Königshof am heutigen Egidienplatz. Das Kloster nahm sich den heiligen Ägidius zum Patron, dessen Grab im südfranzösischen Arles häufig Station auf einer Wallfahrt nach Santiago de Compostela war. Sein Abt war in der kirchlichen Hierarchie der ranghöchste Geistliche in der Stadt. Die Klosterkirche, eine romanische Pfeilerbasilika, wurde Ende des 17. Jahrhunderts durch Feuer zerstört und in barockem Stil wiederaufgebaut. Nur die im Osten angrenzenden, vom Feuer verschonten mittelalterlichen Kapellen zeugen vom einstigen Reichtum des Klosters.

Der zweite Königshof am westlichen Ende der Lorenzer Stadt wurde ebenfalls Sitz einer Ordensgemeinschaft. Der während des Dritten Kreuzzuges um 1190 entstandene Deutsche Orden erhielt ihn als eine seiner ersten Besitzungen im Reich von Kaiser Otto IV. Der Ritterorden nahm in Nürnberg vor allem eine wichtige soziale Funktion wahr, denn seit 1230 war ihm das Elisabeth-Spital anvertraut. Er bildete mit dem Spital und der Kirche St. Jakob eine Art Stadt in der Stadt, denn er besaß ebenso den Status der Reichsunmittelbarkeit – war also unmittelbar dem Kaiser unterstellt – wie die Reichsstadt Nürnberg. Im 16. Jahrhundert blieb die Niederlassung des Deutschen Ordens deshalb von der Reformation unberührt und war fortan eine katholische Enklave in der evangelischen Stadt. Das Spital, welches das Gelände des heutigen Polizeipräsidiums am Jakobsplatz einnahm, verschwand durch die Umbauten des 19. und die Zerstörungen des 20. Jahrhunderts fast vollständig. Allein der Sandsteinbau seines Kornhauses an der Schlotfegergasse und die Kirche St. Elisabeth erinnern an die umfangreiche Anlage.

Die neue Bewegung der Bettelorden faßte im 13. Jahrhundert rasch Fuß in Nürnberg. Die Franziskaner etablierten sich 1224, die Augustinereremiten 1261, die Dominikaner 1275 und die Karmeliten 1287. Allen Bettelorden war gemeinsam, daß sie ihre Hauptaufgabe in der Predigt und in der Seelsorge in den Städten sahen. Ihre Kirchen wurden zu wichtigen Anziehungspunkten und die Predigten von vielen Menschen gehört.

Mit der religiösen Frauenbewegung ging ein weiterer Trend des 13. Jahrhunderts an Nürnberg nicht spurlos vorüber. Aus ihr entstanden das Klarissenkloster St. Klara, dessen Kirche an der Königstraße ein schönes Beispiel für einen schlichten Bettelordensbau ist, und das schon erwähnte Dominikanerinnenkloster St. Katharina. Im engeren Nürnberger Umland kamen drei Konvente hinzu, und zwar jene der Zisterzienserinnen in Gründlach, der Augustinerinnen in Pillenreuth und der Dominikanerinnen in Engelthal bei Hersbruck. In Engelthal lebte eine zu ihrer Zeit berühmte Nonne: Christine Ebner (1277–1356). Mit zwölf Jahren trat die Patriziertochter in das Kloster ein und wurde zu einer der bedeutendsten deutschen Mystikerinnen. In dem Büchlein *Von der Gnaden Überlast* schrieb sie ihre Visionen nieder, so auch die folgende: Sie sah Christus im Klostergarten, ging ihm nach, und der Herr «umfing sie mit seinem rechten Arm und drucket sie an sich». Ihr Ruf war weit über Franken hinaus verbreitet; sogar Kaiser Karl IV. suchte sie als Ratgeberin in ihrem Kloster auf.

Als «Nachzüglerin» kam 1380 zur Nürnberger Klosterlandschaft die Kartause hinzu. Ihre Gründung war eine Reaktion auf die Pest von 1379. Der Patrizier Marquard Mendel stiftete sie für das Seelenheil seiner durch die Seuche umgekommenen Verwandten. Die Gebäude der Kartause sind großenteils erhalten; in ihnen ist das Germanische Nationalmuseum untergebracht.

Die ordnende Politik des Rates erstreckte sich auch auf die Klöster. Mit Ausnahme des Deutschen Ordens sicherte er sich bei allen Konventen die Aufsichtsrechte. Über einen Pfleger kontrollierte er die Rechnungsführung, entschied bei den Neuaufnahmen mit, überwachte die Wahlen der Klostervorsteher und fühlte sich letztlich für das geordnete geistliche Leben verantwortlich. Bei Nachlassen der Klosterzucht war es meist der Rat, der sich um Reformen bemühte.

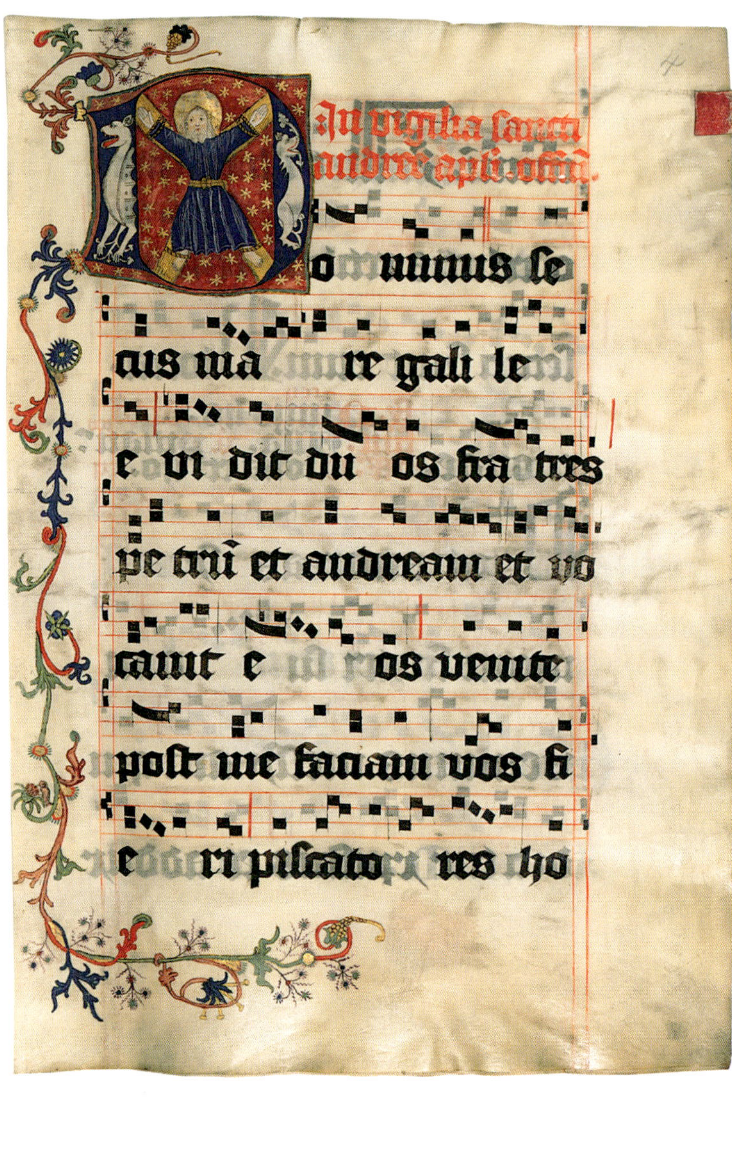
4
In vigilia sancti
andree apli. offi.
o minus se
cus ma re gali le
e vi dit du os fra tres
pe trū et andream et vo
cauit e os venite
post me faciam vos fi
e ri piscato res ho

Dies geschah oft gegen den Widerstand der Konvente. So wehrten sich die Nonnen des Katharinenklosters Ende des 14. Jahrhunderts gegen einen Reformversuch mit «unfröwlichen wisen», also in «unweiblicher Weise». Abgesandte des Rates und Mönche wurden mit Fußtritten traktiert. Eine Schwester hob gar «starklichen iren fuoß uff mit freffel und stost den erwirdigen man so grimiklichen, daz er hinder sich fiel uff daz ertrich» – traf also den ehrwürdigen Mann so heftig, daß er zu Boden ging.

Der Kaiser und der Kaufmann

Nürnbergs politische und wirtschaftliche Stellung wurde im 14. Jahrhundert von den Herrschern nachhaltig gefördert. Dies deutete sich schon bei Heinrich VII. aus dem Haus der Luxemburger an. Er bestätigte 1313 den Nürnbergern wichtige Rechte. Die Stadtverfassung mit dem Rat und dem Schultheiß als entscheidenden Elementen wurde anerkannt und die Kaiserpfalz auf dem Burgberg bei Thronvakanz in die Obhut der Stadt gegeben.

Die Königswahl des Jahres 1314 nach dem Tod Heinrichs VII. brachte eine Doppelwahl. Herzog Ludwig von Bayern und Herzog Friedrich der Schöne von Österreich standen sich als annähernd gleich mächtige Gegenkönige gegenüber. Die Nürnberger waren von Anfang an auf der Seite des Wittelsbachers Ludwig, der von seinen Gegnern mit dem Beinamen «der Bayer» bedacht wurde, und nutzten die Konflikte zu Beginn seiner Herrschaft, um die Reliquien des heiligen Deocarus, Gründerabt des Klosters Herrieden bei Ansbach, zu rauben. So erhielt auch die Lorenzkirche Reliquien eines Heiligen, der allerdings nie die Beliebtheit des Stadtpatrons Sebaldus erreichte.

Einer der treuesten Parteigänger Ludwigs des Bayern war der Nürnberger Ratsherr und Handelsmann Konrad Groß (um 1280–1356). Die Familie Groß gehörte seit ihrem Erscheinen in Nürnberg 1274 zur politischen Führungsschicht. Schon von seinem Vater, Heinrich dem

8 Seite aus einem Graduale des Katharinenklosters. Zwei der bedeutendsten Nonnen der Buchwerkstatt des Klosters arbeiteten an dieser Handschrift: Margareta Kartäuserin war die Schreiberin, Barbara Gwichtmacherin die Buchmalerin. Dargestellt ist der heilige Andreas am Kreuz. Der liturgische Text bezieht sich auf das Fest dieses Heiligen. Original Pergament 1459.

9 Die älteste Ansicht Nürnbergs befindet sich im Mittelteil des Krellschen Altares in der Lorenzkirche. Sie zeigt die Stadt von Westen inmitten einer grünen Landschaft. Die neue Mauer ist bereits vollendet. Ölgemälde auf Holz 1483.

Reichen, übernahm Konrad ein beachtliches Vermögen, das er durch eine glückliche Hand in Handels- und Wirtschaftsdingen zu vergrößern wußte. Als reichster Mann Nürnbergs wurde er der Finanzier Ludwigs des Bayern. Für seine Geldleistungen mußte der Kaiser Groß natürlich bezahlen, was häufig durch die Verpfändung von Reichsgut geschah. Über das verpfändete Gut und dessen Einkünfte konnte er verfügen und seinen Reichtum weiter vermehren.

Sein Vermögen und seine Position als treuer Anhänger Ludwigs des Bayern ließ Konrad Groß um sein Seelenheil bangen; der anhaltende Konflikt des Kaisers mit der päpstlichen Kurie um den Vorrang der weltlichen oder der geistlichen Macht hatte nämlich dem Papst zum wiederholten Mal Anlaß gegeben, Ludwig mit dem Bann zu belegen, der auch seine Anhänger einschloß. Konrad Groß als einer von ihnen errichtete daher reiche Stiftungen. Die bedeutendste davon besteht bis heute – das Heilig-Geist-Spital. Es wurde 1339 als die umfangreichste Stiftung eines einzelnen Bürgers vor dem 16. Jahrhundert ins Leben gerufen. Groß setzte sich damit ein Denkmal, das seinen Namen in Nürnberg unvergessen machte. Im Kreuzigungshof des Spitals befindet sich sein Grabmal in der Form eines für Franken eher ungewöhnlichen Tischgrabes; es wurde aus der im Zweiten Weltkrieg zerstörten und nicht wieder aufgebauten Spitalkirche gerettet. Das Neue Spital, wie es im Gegensatz zum Elisabethspital des Deutschen Ordens auch genannt wurde, bot 200 Plätze für Kranke.

Bereits 1331 hatte Konrad Groß den Bauplatz direkt an der Pegnitz erworben. Bis 1339 entstanden am nördlichen Ufer die Spitalgebäude. Von der Museumsbrücke aus bilden die «Sude» und der «Bau» mit dem Kreuzigungshof ein beliebtes Fotomotiv. Sie überspannen auf Bögen den nördlichen Pegnitzarm an der Westspitze der Insel Schütt und wurden erst Anfang des 16. Jahrhunderts unter dem Stadtbaumeister Hans Beheim dem Älteren erbaut.

Als Mitglied des Rates engagierte sich Konrad Groß auch in den öffentlichen Angelegenheiten der Stadt. So unterstützte er den Neubau des Rathauses; diente vorher ein Haus an der Tuchgasse als Rathaus, rückte nun das bürgerliche Machtzentrum näher an die Sebalduskirche heran. Zwischen 1332 und 1340 entstand der südliche Teil des Alten Rathauses. Kernstück war der große Saal im ersten Stock. Darunter waren Läden für die Tuchmacher eingebaut, während im Untergeschoß das Untersuchungsgefängnis eingerichtet wurde, die sogenannten Lochgefängnisse.

Konrad Groß gelang es zudem, das Amt des Reichsschultheißen pfandweise zu erhalten – ein wichtiger Schritt zum Ausbau der bürgerlichen Selbstverwaltung. Der Kaiser war nur noch an den Einnahmen des Amtes interessiert, nicht mehr daran, über den Schultheißen in die Stadtpolitik einzugreifen. 1385 kam das Schultheißenamt direkt in Pfandbesitz der Stadt.

Judenmord und Goldene Bulle: Nürnberg unter Karl IV.

Am Ende der Regierungszeit Ludwigs des Bayern erhob sich erneut ein Gegenkönig – Karl von Luxemburg, König von Böhmen. Nach dem plötzlichen Tod Ludwigs im Jahr 1347 versuchte sein Sohn, Markgraf Ludwig von Brandenburg, Karls Macht zu brechen und einen eigenen Königskandidaten durchzusetzen. 1349 scheiterte jedoch dieser Plan, und der vormalige Gegenkönig wurde als Karl IV. allgemein anerkannt.

Nürnberg geriet in die Wirren des Thronstreits und erlebte mit dem sogenannten Handwerkeraufstand die wohl größte innere Krise in reichsstädtischer Zeit. Kurz nach dem Tod Ludwigs des Bayern kam Karl IV. nach Nürnberg, um die Anerkennung durch die bisherigen Anhänger Ludwigs zu erhalten. Der Rat schwenkte tatsächlich um und schloß sich Karl an, was dieser mit der Bestätigung der Privilegien belohnte. Auch Konrad Groß erkannte den neuen König an.

Teile des Rates waren freilich mit der neuen Politik nicht einverstanden. Ihnen kam im Juni 1348 ein Aufstand in Nürnberg entgegen, der mit Unterstützung Ludwigs von Brandenburg ausgebrochen war. Der bisherige Rat wurde abgesetzt, einige der Ratsfamilien flohen und ein neuer Rat übernahm das Regiment. Darin saßen nach wie vor die wittelsbachisch gesinnten alten Ratsherren, dazu «Ehrbare» aus der sozialen Oberschicht und zumindest ein Handwerker. Diese Gruppe war bisher von den stadtpolitischen Entscheidungen ausgeschlossen gewesen. Der Begriff «Handwerkeraufstand», der sich für diesen Aufruhr eingebürgert hat, beschreibt den historischen Sachverhalt nur ungenau. Es war eher eine Revolte innerhalb des Rates, in der die aufrührerische Partei Zugeständnisse an die Handwerker machte, um sich mehr Rückhalt in der Stadt zu verschaffen.

Karl IV. isolierte die Aufrührer um Ludwig von Brandenburg auf geschickte Weise, so daß diesem nichts anderes übrigblieb, als sich mit Karl zu versöhnen. Dem Aufrührerrat in Nürnberg fehlte damit jeglicher Rückhalt. Als Karl IV. im Herbst 1349 nach Nürnberg zog, ergab sich die Stadt, und der alte Rat wurde wieder eingesetzt.

Im Laufe der Auseinandersetzung war die jüdische Gemeinde Nürnbergs zwischen die Fronten geraten. Der König hatte einigen

Beteiligten die sogenannte «Judensteuer» und jüdischen Besitz als finanzielle Entschädigung zugesichert. Dem von ihm wieder eingesetzten Rat gestattete er, die Aufrührer zu bestrafen und gewährte eine Art Blanko-Straffreiheit, falls dabei die Nürnberger Juden zu Schaden kommen sollten. Diesen Freibrief nutzte der Rat, um ein Projekt zu verwirklichen, das ihm als besonders dringlich schien: die Anlage eines großen Marktplatzes. Im November gab Karl IV. den Nürnbergern die Erlaubnis, «daz si alle die judenhauser zu Nuremberg ... und darczu die judenschul ... brechen mügen» und an ihrer Stelle zwei Marktplätze – Haupt- und Obstmarkt – anlegen durften. Bisher hatte sich das Marktgeschehen auf einer schmalen Marktstraße am Westrand des heutigen Hauptmarktes zwischen Rathaus und Pegnitz abgespielt.

Am 5. Dezember 1349 kam es zum Pogrom gegen die Juden, bei dem 562 Menschen ermordet wurden. Die jüdische Gemeinde hatte vorher etwa 1.750 Personen umfaßt, zwei Drittel von ihnen waren durch frühzeitige Flucht dem Tod entronnen. Die Opfer wurden vor die Stadt gebracht und dort verbrannt. Der Ort des verbrecherischen Geschehens hieß später Judenbühl; heute befindet sich dort der Nürnberger Stadtpark. In Nürnberg hatte der Mord an den Juden nichts mit der Pest zu tun, die in diesen Jahren als «Schwarzer Tod» in Europa Millionen von Opfern forderte und vielerorts unter dem gegen die Juden erhobenen Vorwurf der Brunnenvergiftung zu Pogromen führte; allem Anschein nach hat die Seuche Nürnberg zu dieser Zeit verschont. Der Mord an den Nürnberger Juden geschah vielmehr aus kaltem wirtschaftlichem Kalkül.

Die jüdischen Häuser wurden abgebrochen, ebenso die Synagoge, an deren Stelle die Frauenkirche errichtet wurde. Einige Patrizierfamilien konnten sich dabei Grundstücke in bester Wohnlage am Markt, dem nun entstehenden neuen Zentrum der Stadt, sichern. Der Bau der Frauenkirche war von Karl IV. schon in der Markturkunde vom November 1349 festgelegt worden. Mit ihr entstand ein Stück Reichsarchitektur, wohl nach Entwürfen von Karls Baumeister Peter Parler. Die Wappen des Reiches, der sieben Kurfürsten und der Stadt Rom an ihrem Balkon und die 1509 eingebaute Kunstuhr, die das sogenannte Männleinlaufen vorführt, zeigen deutlich ihre Bedeutung als eine Art Hofkapelle.

Die Wappen und das Männleinlaufen weisen auf das bedeutendste Gesetz hin, das während der Regierungszeit Karls IV. entstand. Es handelt sich um die Goldene Bulle, die auf dem Reichstag von 1356 in Nürnberg publiziert und im gleichen Jahr in Metz um einige Bestimmungen ergänzt wurde. Sie regelte die Königswahl und legte die Zahl von sieben Kurfürsten endgültig fest. Für die Stellung Nürnbergs war vor allem der Artikel 29 wichtig, der bestimmte, daß jeder neugewählte Herrscher hier seinen ersten Reichstag abzuhalten habe. Neben der Wahlstadt Frankfurt am Main und der Krönungsstadt Aachen wurde damit Nürnberg als dritte Stadt von zentraler Bedeutung für das Reich gewürdigt und institutionalisiert.

Karl IV. ließ in Nürnberg, das er in einer Urkunde als die «vornehmste» Stadt des Reiches bezeichnete, im Jahr 1361 in der Sebalduskirche seinen Sohn Wenzel taufen. Wenzel, von 1378 bis 1400 Nachfolger seines Vaters auf dem Thron, war der einzige Herrscher, der in Nürnberg geboren wurde. Bei seiner Taufe galten ein Mißgeschick des Täuflings und die Unvorsichtigkeit der Magd, die das Taufwasser wärmen sollte und dabei den Pfarrhof in Brand steckte, als schlechte Vorzeichen, wenn man dem Chronisten Heinrich Deichsler aus dem 15. Jahrhundert glauben darf: «der selb kung Wencla bescheiß sich in der tauf, und da man daz wasser solt wermen, da pran der pfarhof ab, daz groser zeichen zwey warn und beteutnus gab der zukunftigen zeit der irrsalung …»

Als eine Zeit der Irrsal muß den Zeitgenossen die schwache und tatenlose Regierung Wenzels tatsächlich erschienen sein. Die Konflikte zwischen Städten und Fürsten eskalierten immer wieder in kriegerischen Auseinandersetzungen, die nur mühsam durch Landfriedenseinigungen beigelegt werden konnten. Raubritter bedrohten die Kaufmannszüge und damit die Wohlstandsquelle der Städte. Dank einer Sage ist solch ein Ritter in Nürnberg bis heute ein Begriff geblieben: Eppelein oder richtiger Ekkelein von Gailingen, der sich seiner Hinrichtung durch einen tollkühnen Sprung von der Burg über den Stadtgraben entzogen habe. «Die Nürnberger hängen keinen, sie hätten ihn denn zuvor», soll er nach dem Sprung spottend den verblüfften Bürgern zugerufen haben. An der nach Norden weisenden Mauer der Burggrafenburg unweit des Fünfeckturmes meinen viele heute noch die Hufabdrücke von Eppeleins Pferd zu sehen …

Die Pest, die Nürnberg um die Mitte des Jahrhunderts noch verschont hatte, als sie große Teile Europas heimsuchte, erreichte im Jahr 1379 die Stadt und forderte zahllose Opfer. In den folgenden Jahrhunderten kehrte diese Seuche immer wieder zurück. Ärzte und Obrigkeit standen ihr hilflos gegenüber. Durch Verordnungen versuchte man ihre Auswirkungen einzudämmen. Beerdigungen waren ab 1520 nur noch außerhalb der Stadt zugelassen. Die alten Friedhöfe um die Sebaldus- und Lorenzkirche wurden aufgelassen, die neuen Gottesäcker St. Johannis und St. Rochus, dem Pestheiligen, vor den Mauern eingerichtet. Ab 1490 entstand durch eine Stiftung in der Vorstadt St. Johannis mit dem Sebastianspital ein eigenes Pestlazarett, das älteste seiner Art in Deutschland. Die ursprünglichen Spitalgebäude an der Großweidenmühlstraße gehören neben dem Friedhof zu den Sehenswürdigkeiten der Vorstadt St. Johannis.

Des Reiches Schatz in Nürnberg

Wie so viele andere Fürsten und Städte kündigte auch Nürnberg 1401 dem tatenlosen König Wenzel den Gehorsam auf und unterstützte den neuen König Ruprecht von der Pfalz. Erst als 1410 Sigismund, der Bruder Wenzels, zum König gewählt wurde, saß wieder ein Herrscher auf dem Thron, der wie sein Vater Karl IV. der Stadt gewogen war und ihrer Bedeutung für das Reich im wahrsten Sinne des Wortes die Krone aufsetzte.

Sigismunds Regierungszeit war gekennzeichnet vom Kampf gegen die Hussiten, die Anhänger des 1415 in Konstanz hingerichteten böhmischen Reformators Jan Hus. Wegen der Hussitengefahr wurde 1421 auf abenteuerlichen Wegen ein Schatz von der Burg Karlstein bei Prag nach Ungarn in Sicherheit gebracht. Es handelte sich um die Reichskleinodien oder korrekter den deutschen Kronschatz. Er bestand zum einen aus den Zeichen der weltlichen Macht: Krone, Szepter, den Reichsäpfeln, Schwertern und Krönungsgewändern. Zum anderen enthielt er einige kostbare Reliquien: einen Span der Krippe von Bethlehem, einen Zahn Johannes des Täufers, die Heilige Lanze und vieles mehr. Die symbolische Bedeutung des Schatzes war immens; er verkörperte mehr als alles andere das Reich selbst. Ein König oder Kaiser galt nur als rechtmäßig, wenn er am rechten Ort – Aachen – mit der echten Krone gekrönt worden war. Die

Kleinodien durften also auf keinen Fall in die falschen Hände geraten.

Sigismund suchte nun einen sicheren Platz für den Schatz. Seine Wahl fiel auf die treue Stadt Nürnberg. Mit Urkunde vom 29. September 1423 bestätigte er, daß er «dem rate und der state ... zu Nuremberg ... eingeben, geantwortet und empfolhen unser und des heiligen reichs heiligtum». Für den zweiten Freitag nach Ostern ordnete er eine öffentliche Präsentation des Schatzes an, der sich eine vierzehntägige Handelsmesse anschließen durfte. Die jährliche Heiltumsweisung und die Messe bildeten von 1424 bis 1524 einen Höhepunkt im Nürnberger Jahreslauf.

10 Für die Heiltumsweisung wurde an der Westseite des Hauptmarktes ein Gestell errichtet, der «Heiltumsstuhl». Von dort wurden die Reliquien und Kleinodien den Menschen auf dem Platz gezeigt. Die Personen im unteren Drittel des Bildes versuchen mit Hilfe von Spiegeln die Heilkraft der gezeigten Gegenstände einzufangen. Kolorierter Holzschnitt 1487.

Unter einer Ladung von Fischen verborgen wurden die Kostbarkeiten des Kronschatzes nach Nürnberg transportiert und am 22. März 1424 in feierlicher Prozession in die Stadt eingeholt, wo sie in der Kirche des Heilig-Geist-Spitals aufbewahrt wurden. Sigismund hatte sich in den Nürnbergern nicht getäuscht. Bis zum Ende des 18. Jahrhunderts waren sie treue Hüter des Schatzes und sorgten zuverlässig dafür, daß er zu den Krönungsfeierlichkeiten transportiert wurde.

Sigismund förderte die Stadt aber noch darüber hinaus. Er übertrug ihr die königliche Münzstätte und den Schutz des Egidienklosters, beides bislang Rechte des Burggrafen. Dieser hatte einen Karrieresprung absolviert, als ihm 1417 die Kurwürde der Mark Brandenburg übertragen worden war. 1427 gelang es Nürnberg endlich, den Burggrafen völlig aus der Stadt zu verdrängen. Schon 1367 hatte man ihm durch eine Mauer vor seiner Burg den Zutritt zur Stadt verbaut. Zehn Jahre später entstand der Turm Luginsland; allerdings sollte von ihm nicht ins Land, sondern in den Hof des Burggrafen geschaut werden. Im Laufe des Bayerischen Erbfolgekrieges wurde 1420 die Burggrafenburg nicht ohne Nürnberger Mithilfe von bayerischen Truppen zerstört, so daß der Rat 1427 ein Ruinengelände erwarb. Von diesem Teil der Burg stehen heute nur noch der Fünfeckturm und die Walpurgiskapelle.

Im Schutz einer starken Mauer

Die Bevölkerungszahl Nürnbergs stieg weiter an. Obwohl immer wieder auftretende Seuchen Tausende von Opfern forderten, wuchs die Zahl der Stadtbewohner bis um 1500 auf ungefähr 40.000 Menschen. In der Mitte des 14. Jahrhunderts wurde deshalb eine Stadterweiterung erforderlich, um vor allem nach Osten und Süden hin mehr ummauerte und damit geschützte Siedlungsfläche zu gewinnen. Viele, vor allem ärmere Menschen lebten um 1350 bereits vor der damaligen Mauer, ebenso lagen die Deutschordenskommende und die Klöster St. Klara und St. Katharina außerhalb des alten Mauerringes. Diese wurden jetzt in das Stadtgebiet einbezogen. Auf bisherigen Freiflächen entstanden Neubauviertel, etwa das Kreuzgassenviertel oder der Bereich um den Maxplatz, die als «Neuer Bau» bezeichnet wurden.

Die Stadt brauchte eine neue Mauer. Sie ist in großen Teilen noch heute erhalten und mit ihren über fünf Kilometern Länge das größte historische Bauwerk Nürnbergs. Vom Neutorzwinger aus kann man sie ein Stück weit begehen. Man gelangt auf der Mauer bis in den Burggarten unterhalb der Kaiserburg. Dabei bieten sich eindrucksvolle Ausblicke auf die Verteidigungsanlagen, die Burg und den Tiergärtnertorplatz mit dem Dürerhaus.

11 Die Stadt Nürnberg aus dem Pfinzing-Atlas. *Deutlich erkennbar sind der Mauerring mit seinen zahlreichen Türmen, die Bastionen nördlich der Burg und die rund ummauerten Türme an den vier Stadttoren. Der Verlauf der vorherigen Mauer ist noch angedeutet. Eingezeichnet sind alle Kirchen und Klöster, die Pegnitz und der Fischbach, der als Werkgraben durch die Lorenzer Stadt führte. Kolorierte goldgehöhte Feder- und Pinselzeichnung 1594.*

Ab etwa 1350 wurde mit dem Bau der neuen Mauer begonnen, die um 1400 fertiggestellt worden sein dürfte; es dauerte noch weitere fünfzig Jahre, bis auch die Verteidigungsanlagen im Vorfeld – Zwinger und Graben – vollendet waren. Mit den etwa 150 Türmen der Stadtmauer bot Nürnberg ein wehrhaftes Bild und galt als nahezu uneinnehmbar. Der Hauptmauer vorgelagert waren zwei niedrigere Mauern, die als sogenannte Futtermauern den (nicht mit Wasser gefüllten) Graben einschlossen. An den vier Haupttoren – Laufer Tor, Frauentor, Spittlertor und Neutor – waren zur Verstär-

kung Zwinger angelegt, mit deren Hilfe man den Verkehr in und aus der Stadt besser kanalisieren und damit kontrollieren konnte. Im Spittler- und im Neutorzwinger ist diese Befestigungsarchitektur noch gut nachvollziehbar, während der Frauentorzwinger – seit den siebziger Jahren «Handwerkerhof» – sein früheres Gesicht völlig verändert hat.

Die Burg und die neuralgischen Punkte der Befestigung, also die Stadttore und der Ein- und Ausfluß der Pegnitz, wurden immer wieder den neuesten Entwicklungen der Verteidigungstechnik angepaßt. So entstanden zwischen 1538 und 1543 nördlich der Burg die imposanten Bastionen des italienischen Festungsbaumeisters Antonio Fazuni; ab 1555 wurden die bislang rechteckigen Tortürme an den vier Stadttoren rund ummantelt und fortan zu Wahrzeichen Nürnbergs. Sie waren damit gegen den Beschuß mit Kanonen besser gewappnet, da Geschosse nach den Gesetzen der Ballistik einer

12 Mit den zwischen 1446 und 1561 veranstalteten Turnieren auf dem Hauptmarkt, den sogenannten Gesellenstechen, ahmte das Nürnberger Patriziat adelige Lebensformen nach. Jost Amman hielt das letzte von ihnen im Gemälde fest. Ölgemälde auf Holz 1561.

runden Mauer weniger anhaben können als einer geraden. Die Dicke der runden Mauern wurde noch im Zweiten Weltkrieg genutzt, als die Rundtürme als Hochbunker dienten und nahezu unversehrt den Bombenkrieg überstanden.

Nürnberg im Krieg mit dem Markgrafen

Die kriegerischen Ereignisse des 15. Jahrhunderts mit den Hussiteneinfällen in die nahe Oberpfalz und dem Ersten Markgrafenkrieg (1449–1453) bestätigten die Notwendigkeit des Mauerneubaus. Die Gegnerschaft zur früheren burggräflichen, nun markgräflichen Zollernfamilie wuchs sich unter Markgraf Albrecht Achilles zum Krieg aus. Die Gründe waren vielschichtig. Zum einen beanspruchte der Markgraf als ausgeprägte Herrschernatur die führende Rolle in Franken für sich. Hinzu kam die Konkurrenz zwischen Fürsten und Städten im Ausbau der landes- und grundherrlichen Rechte, da beide geschlossene Territorien zu bilden versuchten.

Aufgrund solcher Rechtsstreitigkeiten brach im Sommer 1449 der Krieg aus. Er wurde als aufreibender Kleinkrieg geführt, der vor allem die Wirtschaftskraft des Gegners schwächen sollte. Zahlreiche Dörfer im Umland wurden vom Markgrafen abgebrannt. Im Gegenzug verwüsteten Nürnbergische Truppen markgräfliche Dörfer.

Erst 1453 konnte ein Friedensvertrag unterzeichnet werden. Der Markgraf räumte die von ihm okkupierten Nürnberger Besitzungen wie das unweit von seiner Residenz Ansbach gelegene Lichtenau; die Stadt zahlte ihm wiederum eine Entschädigung für die von ihr angerichteten Verwüstungen. Grenz-, Rechts- und Kompetenzstreitigkeiten zwischen Nürnberg und den Markgrafen sollten sich aber bis zum Ende des 18. Jahrhunderts fortsetzen.

Nürnberg und sein Recht

In vorbildlicher Weise entwickelte sich Nürnberg zum Rechtsstaat. Seit 1479 gab es in der «Neuen Reformation» ein Zivilgesetzbuch, das unter anderem das Prozeß-, Erb- und Familienrecht regelte und 1484 gedruckt wurde. Es war auf Geheiß des Rates erstellt worden und wurde 1564 noch einmal gründlich überarbeitet. Zahlreichen süddeutschen Gesetzessammlungen, so auch dem Bayerischen Landrecht von 1518, diente es als Vorbild. Es galt in der Stadt und ihrem Umland bis zum Inkrafttreten des Bürgerlichen Gesetzbuches am 1. Januar 1900. Unter anderem war das Testamentsrecht detailgenau geregelt: Es verpflichtete Nürnberger Bürger dazu, ein Testament zu verfassen. Diesem Umstand ist es zu verdanken, daß zahllose private Testamente und Haushaltsinventare erhalten blieben, die heute interessante Einblicke in die damaligen Lebensverhältnisse gewähren.

Über die Mauern hinaus: das Nürnberger Landgebiet

In der Auseinandersetzung mit Markgraf Albrecht Achilles hatte Nürnberg an der fehlenden Unterstützung deutlich gespürt, daß es in dem seit 1440 regierenden Habsburger Friedrich III. keinen so

13 Im Landshuter Erbfolgekrieg eroberte Nürnberg 1504 unter anderem die Amtsstadt Lauf an der Pegnitz. Sie entwickelte sich zum frühindustriellen Standort zahlreicher Mühlen und Hammerwerke. Im Vordergrund auf einer Pegnitzinsel das Wenzelsschloß, das Karl IV. im 14. Jahrhundert erbauen ließ. Kolorierter Kupferstich aus dem 16. Jahrhundert.

starken Rückhalt besaß wie noch unter den Herrschern aus Luxemburgischem Haus. Der entscheidungsschwache Kaiser amtierte 53 lange Jahre. In dieser Zeit kam er nur sechsmal nach Nürnberg. Einer seiner Aufenthalte lebt gewissermaßen in einer Lebkuchenspezialität weiter; als er 1487 neun Monate in der Stadt weilte, ließ er in der Kreuzwoche – der Woche vor Christi Himmelfahrt, die traditionell für Schulausflüge genutzt wurde – ein Fest für die Nürnberger Kinder ausrichten. Den angeblich viertausend Kindern schenkte er zum Andenken einen Lebkuchen mit seinem Bild. In Erinnerung daran buken spätere Lebküchner kleine, kurz «Kaiserlein» genannte Lebkuchen.

Der letzte Herrscher, der wirkliches Interesse an Nürnberg zeigte, war der Sohn Friedrichs III., Maximilian I. Er hielt sich gern in Nürnberg auf, wo er sich mit Künstlern und Gelehrten traf und auch am gesellschaftlichen Leben teilnahm. Bei der Einteilung des Reiches in Reichskreise unter Maximilian I. wurde Nürnberg Teil des Fränkischen Kreises und war darin die potenteste der Reichsstädte, deren politischer Führung sich die kleineren Städte Rothenburg ob der Tauber, Schweinfurt, Weißenburg und Windsheim anschlossen.

Der Nürnberger Rat gebot als Obrigkeit nicht nur über die Stadt selbst, sondern auch über ein großes Landgebiet. Die sogenannte Alte Landschaft umfaßte ein Gebiet, das von Rednitz und Regnitz im Westen begrenzt wurde, im Süden bis an die Schwarzach sowie im Norden bis vor die Tore Erlangens reichte und vor allem den Sebalder und den Lorenzer Reichswald umfaßte, die vom Reich spätestens um die Wende vom 12. zum 13. Jahrhundert unter Nürnbergische Aufsicht gestellt worden waren.

Anfang des 16. Jahrhunders wurde das Landgebiet durch einen Krieg beträchtlich vergrößert, wodurch auch Nürnbergs politisches Gewicht wuchs. Den Wittelsbacher Erbstreit, der im sogenannten Landshuter Erbfolgekrieg ausgetragen wurde, nutzte der Nürnberger Rat im Juni 1504, um im Osten der Stadt die bislang im Besitz

der Pfälzer Wittelsbacher befindlichen Gebiete um Lauf, Hersbruck, Altdorf, Velden und Betzenstein zu besetzen. Dort saßen viele Bauern, die ihre Abgaben bereits an Institutionen oder Familien in der Stadt zu zahlen hatten, welche durch Übertragung seitens des Kaisers beziehungsweise durch Erbe, Kauf oder Schenkung an diese Güter gekommen waren. Kaiser Maximilian I. erkannte die Eroberungen an, der Besitz dieser nun «Neue Landschaft» genannten Ämter war abgesichert. Das Gebiet um den Rothenberg bei Schnaittach, das von den Ganerben, einer Gemeinschaft von über vierzig adeligen Familien, regiert wurde, bildete allerdings eine große Enklave, die ab dem Dreißigjährigen Krieg dem Kurfürstentum Bayern gehörte.

Das Landgebiet mit seinen rund 1.500 Quadratkilometern stellte die Lebensmittelversorgung der Stadt auf eine breitere Basis, und entlang der Pegnitz konnte fortan ungehindert die Wasserkraft genutzt werden. Kulturell strahlte die Stadt auf das Landgebiet aus, was heute noch an mancher Stelle erkennbar wird. So sind Dorfpfarrkirchen wie die von Beerbach, Kalchreuth oder Ottensoos mit Kunstwerken aus den Werkstätten der Nürnberger Meister geschmückt und an zahlreichen Orten sind Herrensitze von Patrizierfamilien zu finden.

Nürnberg und der neue Glaube

Als 1510 und 1511 ein Mönch namens Martin Luther (1483–1546) auf seiner Romreise im Nürnberger Augustinerkloster übernachtete, nahm niemand Notiz von ihm. Jahre später, 1518, reiste er wieder durch Nürnberg, diesmal nach Augsburg zum Verhör durch Kardinal Cajetan. Seine 95 Thesen gegen den Ablaßhandel waren im Herbst 1517 auch in Nürnberg von der «Sodalitas Staupitziana» aufmerksam aufgenommen worden. Dieser Gelehrtenzirkel, dem auch Ratsherren und Künstler wie Albrecht Dürer angehörten, hatte sich unter dem Einfluß des Generalvikars des Augustinerordens Johannes von Staupitz gebildet, als sich dieser ab 1512 mehrmals in Nürnberg aufgehalten hatte. Staupitz und Luther lehrten an der 1502 gegründeten Universität Wittenberg, die als Zentrum modernen Denkens der damaligen Zeit gelten kann. Die neuen Denkansätze in Theologie und Philosophie stießen bei der gebildeten Nürnberger Oberschicht auf reges Interesse.

Als Luther 1518 mit den Staupitzianern zusammentraf, waren sie tief beeindruckt; ihm zu Ehren nannten sie ihre Gesellschaft fortan «Sodalitas Martiniana». Ein weiteres Mal kam Luther nicht nach Nürnberg, er war sich der Bedeutung der Stadt für die Reformation jedoch bewußt, wie seine Äußerungen zeigen: «Nürnberg ist das Aug' und Ohr Deutschlands» und «Nürnberg leuchtet unter den Städten wie die Sonne unter den Gestirnen».

Daß prominente Nürnberger zu Luthers Anhängern gehörten, war bekannt. Der Ratsschreiber Lazarus Spengler schrieb eine *Schutzred* für Luthers Lehre und Willibald Pirckheimer eine Spottschrift gegen den Luthergegner und Ingolstädter Theologen Johann Eck. Als dieser 1520 die päpstliche Bannbulle gegen Luther mitverfaßte, sorgte er dafür, daß auch Spengler und Pirckheimer gebannt wurden. Der Ratsschreiber reiste somit 1521 als Exkommunizierter zum Reichstag nach Worms, bei dem Luther vor Karl V. seine Sache verteidigen sollte. Wäre es nach dem geltenden Recht der Goldenen Bulle gegangen, hätte dieser Reichstag in Nürnberg stattfinden müssen, eine angeblich drohende Pestwelle verhinderte dies aber, so daß Luther seinen berühmten Satz «Hier stehe ich, ich kann nicht anders» in Worms und nicht in Nürnberg sprach.

In Nürnberg verbreitete sich reformatorisches Gedankengut schnell. Dies war vor allem den Geistlichen zu verdanken, die vom Rat berufen wurden. Nürnberg hatte in langen Verhandlungen mit der römischen Kurie im Laufe des 15. Jahrhunderts nämlich das Präsentationsrecht der Geistlichen an St. Sebald und St. Lorenz erhalten und damit den Einfluß des eigentlich zuständigen Bischofs von Bamberg zurückgedrängt. Der Zufall half mit: 1521 und 1522 wurden die vier wichtigsten geistlichen Stellen der Stadt frei und mit jungen, lutherisch gesinnten Männern besetzt. Der einflußreichste von ihnen war der Prediger an St. Lorenz, Andreas Osiander, der große Teile der Bevölkerung erreichte.

Offensichtlich wurde der Bruch mit der römischen Kirche im Juni 1524. Von einem Sonntag auf den nächsten ereignete sich eine Art Revolution von oben. Die Pfarrer und Prediger von St. Sebald und St. Lorenz verständigten sich auf eine grundlegende Reform des Gottesdienstes. Die Lesungstexte aus der Heiligen Schrift waren in deutscher Sprache zu hören, der römische Meßkanon entfiel, und das Abendmahl wurde in Gestalt von Brot und jetzt auch Wein an die Gläubigen ausgeteilt. Der Bamberger Bischof reagierte empört und forderte den Rat auf, dagegen vorzugehen. Dieser erklärte, er sei unbeteiligt, entschuldigte sich und überließ es dem Bischof, etwas zu unternehmen.

Um den Streit zu schlichten und die Gemüter zu beruhigen, stellte der Rat ein Religionsgespräch in Aussicht, bei dem die Parteien ihre Meinungen austauschen sollten. Es kam im März 1525 im Rathaussaal zustande. Dominikaner, Franziskaner und Karmeliten, welche die altkirchliche Seite vertraten, nahmen erst auf Druck des Rates hin teil und erschienen zur letzten Runde nicht mehr mit der Begründung, daß ein unparteiischer Richter fehle. Ganz unrecht hatten sie damit nicht: Die Sympathien der Mehrheit des Rates lagen auf reformatorischer Seite. Nach dem Religionsgespräch legte sich der Rat fest; die Reichsstadt wurde lutherisch und war damit der erste Reichsstand, der sich zu diesem Schritt entschloß. Einige Klöster lösten sich selbst auf, die rechtliche Sonderstellung der Geistlichen konnte beseitigt werden, und aller Einfluß des Bischofs war ausgeschaltet. Auch in geistlichen Dingen war der Rat nun oberste Instanz.

14 Die Äbtissin Caritas Pirckheimer in einem posthumen Bildnis. Ihr Andenken wurde von der sich nach 1806 neu bildenden katholischen Gemeinde gepflegt. Das katholische Bildungshaus in der Königstraße, das im Bereich des früheren Klosters liegt, trägt ihren Namen. Kupferstich von Georg Fenitzer aus dem 17. Jahrhundert.

Die neuen Ideen fanden nicht nur Freunde. Caritas Pirckheimer (1467–1532), die gebildete Schwester des Humanisten und Ratsherren Willibald Pirckheimer, stand als Äbtissin des Klosters St. Klara der reformatorischen Bewegung von Anfang an ablehnend gegenüber und änderte diese Meinung auch nicht nach den Predigten lutherischer Geistlicher, die anzuhören den Nonnen aufgezwungen wurde. Auf Vermittlung ihres Bruders kam im November 1525 ein Gespräch zwischen ihr und Philipp Melanchthon zustande, bei dem die Äbtissin dem Reformator ihre Sicht darlegte. Sie argumentierte mit der Freiheit des Gewissens und konnte Melanchthon dazu bringen, den Rat und die Prediger zu einem gemäßigteren Vorgehen gegen die Klöster zu bewegen. So konnten die Frauenkonvente St. Klara, St. Katharina, Engelthal, Pillenreuth und die Mönche der Dominikaner und Franziskaner einigermaßen nach ihren Ordensregeln weiterleben. Sie durften allerdings keine Novizinnen oder Novizen aufnehmen und mußten es hinnehmen, wenn Mönche oder

Nonnen austraten. In St. Klara verließ nur eine Nonne den Konvent freiwillig; zu dramatischen Szenen kam es dagegen, als drei Patrizierinnen ihre Töchter gewaltsam und gegen deren Willen herauszerrten.

Im Bauernkrieg von 1525 kam der Rat manchen Forderungen der eigenen Bauern entgegen und verhinderte so einen Aufstand in seinem Machtbereich. Nürnbergische Bauern, die sich einem der Bauernhaufen angeschlossen hatten, wurden nach der Niederschlagung des Aufstandes vergleichsweise milde behandelt.

Nürnberg blieb nicht nur in der Klosterfrage vorsichtig. Eine Entfernung der Bilder aus den Kirchen kam nur vereinzelt vor. Solange es um verbale Stellungnahmen gegen den Kaiser und für die evangelische Sache ging, nahm man daran teil, etwa bei der Protestation der evangelischen Stände auf dem Reichstag von Speyer 1529 oder beim Augsburger Bekenntnis von 1530; dem Schmalkaldischen Bund – dem protestantischen Bündnis der Reformation – schloß sich Nürnberg aber nicht an, um sich nicht militärisch gegen den Kaiser zu stellen.

Dieser mußte seine Forderung nach der Rückkehr der Protestanten in die alte Kirche aus politischen Erwägungen aufgeben. Die Türkengefahr und die Stärke Frankreichs zwangen Karl V. zum Kompromiß. 1532 wurde der Nürnberger Anstand unterzeichnet, eine Einigung zwischen dem Kaiser und den protestantischen Reichsständen. Damit waren Katholiken und Lutheraner als Konfessionen im Reich vorläufig anerkannt, bis ein weiterer Reichstag entscheiden würde.

Die Absicherung der Reformation führte mit Nürnberg und dem Markgraftum Brandenburg-Ansbach zwei alte Gegner zusammen. Schon 1528 einigte man sich auf eine Kirchenvisitation, in der alle Pfarreien von einer Kommission aufgesucht wurden, welche die Haltung der einzelnen Geistlichen feststellen sollte. 1532 folgte dann die Brandenburg-Nürnbergische Kirchenordnung.

Die Hinwendung zur lutherischen Lehre veränderte das Verhältnis zu Kaiser und Reich. Karl V. und seine Nachfolger kamen nur noch selten nach Nürnberg. Die Politik der Stadt war damit in größerem Maße auf sich selbst gestellt. Ihre wirtschaftliche und kulturelle Bedeutung ging zurück.

Von «Nürnberger Hand» und «Nürnberger Witz» – Handel und Handwerk in Nürnbergs großer Zeit

«Hätt' ich Venedigs Macht
Und Augsburgs Pracht,
Nürnberger Witz,
Straßburger Geschütz
Und Ulmer Geld,
So wär' ich der reichst' in der Welt.»

Diese Volksweisheit rühmte im späten Mittelalter die Bedeutung der aufgezählten Städte. Während die Attribute der anderen noch immer verständlich sind, tut man sich mit dem «Nürnberger Witz» schon etwas schwerer. Gemeint ist der Begriff so, wie heute noch «gewitzt» gebraucht wird – im Sinne von Ideenreichtum, der das Nürnberger Gewerbe dieser Zeit auszeichnete.

Ein weiterer Satz umschreibt in knappen Worten die einstige Bedeutung von Nürnbergs Handwerk und Handel: «Nürnberger Hand geht durch alle Land». Der sprichwörtlich gewordene Satz lobte das innovative Handwerk, dessen Produkte im florierenden Handel vertrieben wurden. Aus «Hand» wurde später das herabsetzende «Tand», das explizite Lob des Handwerks fiel damit weg.

Von Privilegien begünstigt: der Nürnberger Handel

Zusammen mit der Loyalität zum Kaisertum und der Ratsverfassung bildeten Handwerk und Handel die vier entscheidenden Faktoren für Nürnbergs Stellung in seiner «großen Zeit» um 1500. Ihr Zusammenspiel war unabdingbar. Kaiserliche Privilegien begünstigten den Handel, das Ratsregiment garantierte stabile politische Verhältnisse, und die Handwerker produzierten hochwertige Waren, die über die Handelsgesellschaften vertrieben wurden.

Es war vor allem ein Geflecht von gegenseitigen Zollfreiheiten, das schon seit staufischer Zeit Nürnbergs Handel begünstigte. Schon 1112 ließen sich Wormser Kaufleute Zollfreiheit in Nürnberg bestätigen, eine Bestimmung, die dann im *Großen Freiheitsbrief* Friedrichs II. von 1219 auf Gegenseitigkeit bestätigt wurde. Unter den Staufern wurde dieses System zunächst von den Herrschern, dann aber auch auf Initiative der Nürnberger Kaufleute selbst weiter ausgebaut. 1264 handelte etwa der Nürnberger Merkelin Pfinzing gegenseitige Zollfreiheit mit der Stadt Mainz aus. 1332 wurden diese Handelsvorteile von Kaiser Ludwig dem Bayern insgesamt noch einmal zusammengefaßt und bestätigt: 71 Städte wurden namentlich aufgeführt, später waren es sogar 90. Ganze Landstriche kamen hinzu: Böhmen und Mähren, Flandern und Brabant, Ungarn, Polen und Galizien, Mailand, die Lombardei und Genua.

Es waren die auch politisch in der Stadt und ihrer sich entwickelnden Verwaltung aktiven Familien, die sich im Handel engagierten: die Pfinzing, Holzschuher, Stromer, Ebner, um nur einige Beispiele zu nennen. Den Holzschuhern verdanken wir mit ihrem *Handlungsbuch* für die Jahre 1304 bis 1307 das älteste deutsche Geschäftsbuch. Aufgrund der regen Handelsbeziehungen zu Italien führten die Nürnberger Kaufleute ab etwa 1400 die Buchhaltung im venezianischen Stil, also in Soll und Haben.

Neuerungen waren stets willkommen bei den Nürnberger Kaufleuten. Sie vertrieben schon Ende des 14. Jahrhunderts Handelswaren nach Mustern, so daß sich Kunden von der Qualität der bestellten Ware vorab überzeugen konnten. Beredtes Zeugnis von der Risikobereitschaft und von den Handelspraktiken der Nürnberger Unternehmer vor 1400 legt das *Püchel von meim geslecht und abenteur* des Ulman Stromer ab, das er um 1395 verfaßte. Darin beschrieb er unter anderem eine Investition, die eine weitreichende Pionierleistung bedeutete. 1390 hatte er mit der Hadermühle an der Wöhrder Wiese die erste deutsche Papiermühle gegründet und führte diesen Beschreibstoff in Deutschland ein. Im Gegensatz zu dem aus Tierhäuten hergestellten Pergament konnte Papier aus Lumpen, auch als Hadern bezeichnet, in preisgünstiger Massenproduktion gefertigt werden. Damit war eine der Grundvoraussetzungen für den Buchdruck geschaffen, der mit Gutenbergs Erfindung der beweglichen Lettern über 50 Jahre später seinen entscheidenden Impuls erhalten sollte.

Das Geld- und Kreditgeschäft lag in dieser Zeit allein in den Händen der Juden, da es Christen verboten war, Geld gegen Zinsen zu verleihen. Die Größe der jüdischen Gemeinde war, wie bereits erwähnt, eine direkte Folge der Bedeutung Nürnbergs als Handels-

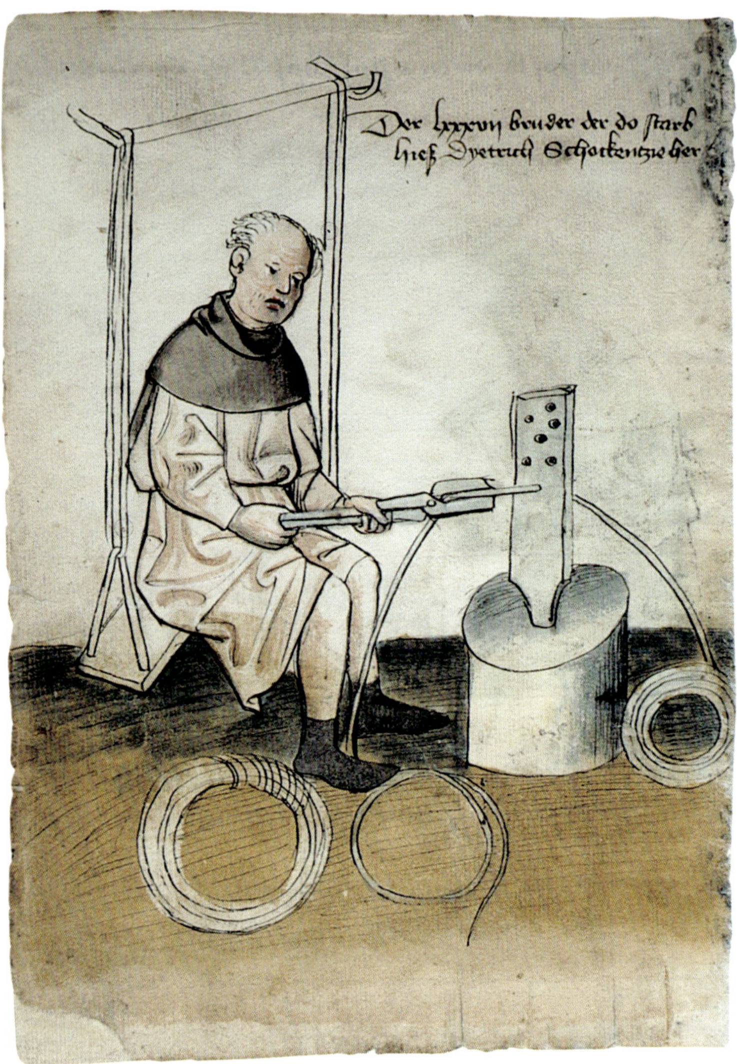
Der lxxxvij bruder der do starb
hieß Dyetrich Schockentzieher

stadt. In einigen Fällen setzten sich in der ersten Hälfte des 14. Jahrhunderts Ratsherren selbst für die Zuzugsgenehmigung für Juden ein. Wegen der wirtschaftlichen Bedeutung der Juden wurde ihnen bald nach dem Pogrom von 1349 wieder die Niederlassung in Nürnberg erlaubt. Es entstand das jüdische Viertel um Juden- und Wunderburggasse im Nordosten der Altstadt. Die Gemeinde umfaßte mit 150 bis 200 Personen nur etwa ein Zehntel ihrer Größe vor 1349, verfügte aber über ein hohes wirtschaftliches Potential. Als sich im Laufe des 15. Jahrhunderts das kirchliche Zinsverbot lockerte und christliche Kaufleute in das lukrative Geldgeschäft einstiegen, wurde die jüdische Finanzkraft überflüssig. Zahlreiche Städte zwangen daher um 1500 die Juden, ihren Machtbereich zu verlassen; Nürnberg wies sie aufgrund einer Urkunde Maximilians I. 1499 aus. Ab diesem Zeitpunkt fanden Juden meist in ländlichen Regionen eine neue Heimat. Im Nürnberger Umland bildeten sich zur Zeit des sogenannten Landjudentums große Gemeinden in Fürth und im Rothenberger Land um Schnaittach. Ihre Geschichte wird im Jüdischen Museum Franken Fürth und Schnaittach dokumentiert.

15 Ein Drahtzieher aus dem Stiftungsbuch der Mendelschen Zwölfbrüderstiftung. *Sie nahm verarmte alte Handwerker auf, um ihnen einen gesicherten Lebensabend zu geben. Die Darstellungen bilden arme Handwerker ab und zeigen daher nicht den neuesten Stand der Technik. Aquarell um 1425.*

Einfallsreichtum und Flexibilität

Die Pegnitz war zwar nicht schiffbar, ihre Wasserkraft konnte aber hervorragend genutzt werden. Entlang des Flusses entstanden innerhalb und außerhalb der Stadt eine Reihe von Mühlen, die noch bis ins 20. Jahrhundert das Erscheinungsbild der Pegnitz prägten. Es handelte sich weniger um Mahlmühlen zur Verarbeitung von Getreide als um frühindustrielle Produktionsstätten. Die Mühlräder trieben zum Beispiel Hämmer an, mit deren Hilfe effektiver geschmiedet oder Metallbleche und -folien produziert werden konnten.

Den Einsatz von Mühlen verlangte auch eine der bedeutendsten Nürnberger Entwicklungen: der Drahtzug. Das Ziehen von Draht war ursprünglich eine harte Arbeit. Ein Metallstück etwa von der Größe eines Bleistiftes wurde erhitzt und damit verformbar ge-

16 Die Saigerhütte Oberneuhüttendorf bei Ludwigsstadt im Frankenwald aus dem Pfinzing-Atlas, *1588. Die Familie Pfinzing war im Saigergeschäft stark engagiert. Paul Pfinzings Schwägerin Maria hielt bis 1588 Geschäftsanteile an der abgebildeten Hütte. Im oberen Teil sind Holz- und Holzkohlenlager zu erkennen, in der Mitte die «Schmeltz- und Saigerhütten», links davon das Wohnhaus. Kolorierte, gold- und silbergehöhte Feder- und Pinselzeichnung 1588.*

macht. Mit Hilfe einer Zange mußte es dann durch ein enges Loch in einer Metallplatte gezogen werden und wurde so zum Draht. Dieser Zugvorgang mußte so lange wiederholt werden, bis die gewünschte Stärke des Drahtes erreicht wurde.

Im Laufe des 14. Jahrhunderts wurde die Nachfrage nach Draht immer größer, gleichzeitig nahm durch Seuchen, vor allem die Pest, die Zahl der Arbeitskräfte ab. Auf diesen Mangel antworteten die Nürnberger mit der Mechanisierung des Drahtzuges. Sie setzten eine eigene «Entwicklungsabteilung» ein, die in einem Mühlwerk der Mühle am Sand 15 Jahre lang experimentieren konnte. Der Rat förderte das Projekt, indem er der Mühle für diese Zeit Abgabenfreiheit gewährte. Ab 1415 mußten die Drahtzieher nicht mehr aus eigener Kraft ziehen, sondern konnten mit Hilfe der Wasserkraft ihre Arbeit effektiver durchführen. Die Art und Weise des mechanischen Drahtzuges wurde als Geheimnis gut gehütet, bis 1510 Augsburg auf Vermittlung Kaiser Maximilians I. Nürnberger Drahtzieher anwarb. Bis dahin hatte Nürnberg europaweit nahezu das Monopol auf Drahtwaren.

Ein ähnliches «Staatsgeheimnis» wie der Drahtzug war die Nadelwaldsaat. Die Verhüttung von Erzen, um zum Beispiel das Metall für die Drahtherstellung zu gewinnen, führte zur raschen Abholzung der Wälder in der Umgebung der großen Städte. Gerade in Nürnberg und in der nahen Oberpfalz, wo das dort abgebaute Erz auch verhüttet wurde, nahm der Kahlschlag im 13. und 14. Jahrhundert bedenkliche Formen an. Seit Beginn des 14. Jahrhunderts wurde daher versucht, einen Weg zu finden, den Wald planmäßig wieder aufzuforsten. Schließlich gelang es im Jahr 1368 dem Bergbauunternehmer Peter Stromer, im Lorenzer Reichswald Nadelbäume anzusäen. Der Nadelwald löste nun die vorherigen Mischwälder als nahezu reine Monokultur um Nürnberg ab.

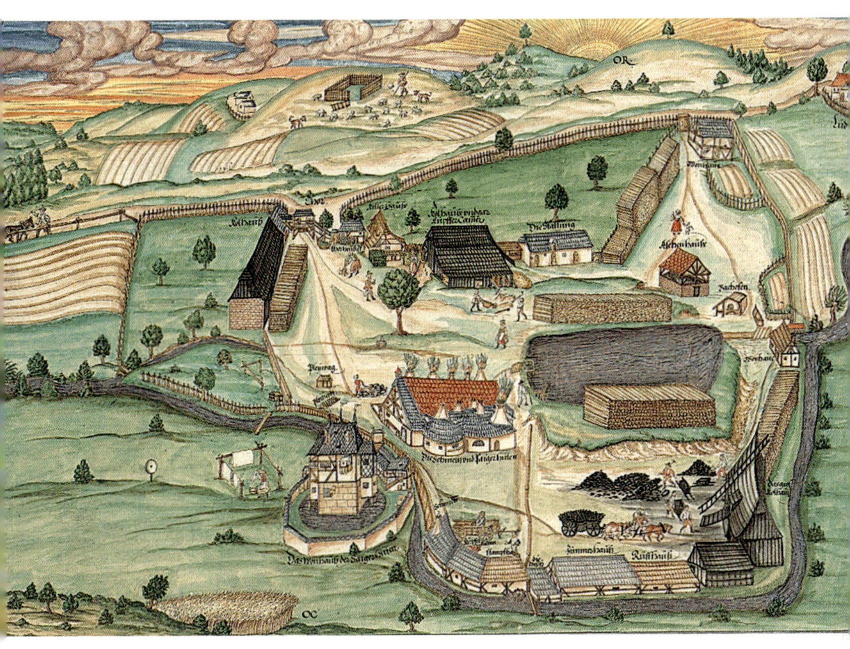

Knapp hundert Jahre nach Stromers Entdeckung stieg der Holzverbrauch der frühen Industrie in und um Nürnberg erneut an. Der Grund dafür waren die sogenannten Saigerhütten. Das Saigerverfahren stellte eine Möglichkeit dar, aus mitteleuropäischem Kupfererz Silber abzuscheiden. Obwohl der Silberanteil im Erz nur bei etwa einem Prozent lag, lohnte sich der aufwendige, vielschichtige Arbeitsvorgang in den Saigerhütten. Als Nebenprodukt entstand dabei Garkupfer. Dieses war Bestandteil der Legierung, aus der Drähte gezogen wurden.

Zwischen 1450 und 1460 entstanden sechs Saigerhütten mit jeweils sechs bis acht Hochöfen. Der Holzverbrauch und die Belastung der Umgebung waren aber dermaßen hoch, daß der Rat 1461 beschloß, die Hütten in die holzreichen Gefilde von Thüringer und Frankenwald zu verlegen, was für die patrizischen Hüttenherren zusätzliche Kosten bedeutete – ein Beispiel für das Verantwortungsbewußtsein des Rates, der in diesem Fall öffentliches vor privates Geschäftsinteresse stellte.

Hochspezialisierte Vielfalt: das Nürnberger Handwerk

Der Handel und das frühindustrielle Gewerbe waren nicht ohne das Handwerk denkbar; stets verdiente mehr als die Hälfte der Stadtbevölkerung in diesem Erwerbszweig ihren Lebensunterhalt.

Die Abhängigkeit der Handwerker von den Kaufleuten spiegelte sich im politischen System wider, in dem jene, abgesehen von den wenigen Monaten des Handwerkeraufstandes, von der Teilhabe an der politischen Macht ausgeschlossen waren. Die acht Meister, die ab 1349 im Rat saßen – je ein Bäcker, Bierbrauer, Goldschmied, Kürschner, Rotgerber, Rindsmetzger, Schneider und Tuchmacher –, hatten keinen wirklichen Einfluß. Selbstverwaltete Zünfte, wie sie in anderen Reichsstädten, zum Beispiel in Ulm, vorhanden waren, gab es in Nürnberg nicht. Stattdessen gründete der Rat mit dem Rugamt eine von ihm kontrollierte Aufsichtsbehörde über das Handwerk; es erstellte unter anderem Handwerksordnungen, überwachte ihre

17 Der «Erdapfel» des Martin Behaim, der älteste erhaltene Globus, entstand zwischen 1490 und 1493 in Nürnberg und gibt das Weltbild vor der Entdeckung Amerikas wieder. Original Leinen, Leder und Papier mit Öl bemalt 1493.

Einhaltung und fungierte als Beschwerde- und Schlichterstelle der Handwerksmeister. Die organisatorische Unfreiheit glich der Rat zu einem gewissen Teil durch die Garantie von Qualität und Preis mit Hilfe strenger Kontrollen aus, die in Zeiten guter Konjunktur den selbständigen Handwerkern ihr Auskommen sicherte.

Weite Bereiche vor allem des Exporthandwerkes waren im sogenannten Verlagssystem organisiert, das als Begriff erstmals 1340 in einer Nürnberger Gewerbeordnung erscheint. Größere Unternehmer, die Verleger, teilten dabei die einzelnen Schritte des Produktionsprozesses auf und delegierten sie an kleinere Gewerbetreibende. Das System ermöglichte die effiziente und standardisierte Herstellung zum Export bestimmter Massengüter, zum Beispiel von Löffeln, Messern, Nadeln, Scheren oder Waffen aller Art. Zahlreiche Nürnberger Handwerksbetriebe waren reine Zulieferbetriebe für die Verleger und finanziell von diesen abhängig. Sie wurden nicht mehr im Taglohn, sondern im Stücklohn bezahlt. Bei Absatzschwierigkeiten konnte es die auch Stückwerker genannten Zulieferer hart treffen, wenn der Verleger als ihr einziger Abnehmer Aufträge stornierte. Das Verlagssystem trug zur zunehmenden Verarmung breiter handwerklicher Schichten bei.

Einen hervorragenden Ruf genoß das feinmechanische Handwerk mit den Rot- und Zirkelschmieden, Uhr- und Kompaßmachern. Sie stellten hochwertige Geräte aller Art her. So bezogen Astronomen und Seefahrer Astrolabien oder Instrumente zur Himmelsbeobachtung und Standortbestimmung, Ärzte und Chirurgen hingegen Kopf- und Beinsägen. Als sich der Astronom Johannes Müller, der sich nach seinem Herkunftsort Königsberg in Franken Regiomontanus nannte, 1471 entschloß, vom ungarischen Königshof nach Nürnberg zu ziehen, begründete er dies damit, dort leichter an die erforderlichen astronomischen Instrumente gelangen zu können.

Angesichts der günstigen Voraussetzungen im Bereich der Feinmechanik war es nicht verwunderlich, daß gerade in Nürnberg der Schlosser Peter Henlein (um 1480–1542) die Taschenuhr perfektionierte; er kann zwar nicht als ihr Erfinder gelten, schaffte es jedoch, als erster zuverlässig funktionierende Modelle herzustellen.

Ein weiterer Nürnberger profitierte vom Ruhm seiner Heimatstadt auf dem Gebiet der Fertigung von nautischen und astronomischen Geräten. Martin Behaim (1459–1507) lebte mit Ausnahme dreier Jahre ab 1484 bis zu seinem Tod in Portugal. Im Germanischen Nationalmuseum ist der älteste erhaltene Globus zu besichtigen, der nach Behaims Anregungen zwischen 1490 und 1493 in Nürnberg entstand und die damals bekannte Welt noch ohne Amerika zeigt.

Ab dem 16. Jahrhundert änderten sich für Nürnbergs Handel und damit auch für das Handwerk die Rahmenbedingungen. Die Entdeckung Amerikas führte zu einer langsamen, aber spürbaren Verlagerung der Handelswege: Ein direkter Zugang zur See wurde wichtiger als die gute Positionierung der Stadt an den Landstraßen. Die «Seemächte» Großbritannien, Frankreich, Spanien, Portugal und die Niederlande gründeten Kolonien und handelten mit Produkten, die sie dort oftmals durch brutale Ausbeutung von Mensch und Natur gewannen. Für Städte wie Nürnberg war die Organisation eines solchen Handels nicht mehr möglich. Durch die Edelmetallieferungen aus der Neuen Welt war zum Beispiel die Silbergewinnung im bereits erwähnten Saigerverfahren nicht mehr konkurrenzfähig. Die Bedeutung von Kolumbus' Entdeckung war schon im Jahr 1506 dem Nürnberger Christoph Scheurl bewußt, als er von seinem Studienort Bologna an seinen Onkel nach Hause schrieb: «Du weißt, daß vor vierzehn Jahren unter … der Führung des Christopherus Columbus eine … neue Welt entdeckt worden ist … Die Expedition brachte Venedig und Eurer Stadt eine unheilbare Einbuße …»

Nürnberger Bücher und Karten – überall gefragt

Obwohl Nürnberg mit der ersten deutschen Papiermühle eine wesentliche Voraussetzung für den Buchdruck geschaffen hatte, zählte es nicht zu den ersten Druckorten. Frankens erste Buchdruckerwerkstatt stand in Bamberg, Nürnberg zog erst mit Johann Sensenschmidt 1469 nach. Bald darauf gründete der erfolgreichste Nürnberger Buchdrucker und Buchhändler der Frühzeit, Anton Koberger (1445–1513), seine Werkstatt am Egidienplatz. Sie entwickelte sich zu einem Großunternehmen. Koberger beschäftigte «einhundert und etlich Gesellen, die waren eines Teils Setzer, Correctoren, Drucker, Possilierer, Illuministen, Componisten, Buchbinder», wie Johann Neudörfer in seinen *Nachrichten von Künstlern und Werkleuten* im Jahre 1547 berichtete. Den Vertrieb der Bücher besorgte Koberger selbst. Dazu unterhielt er in sechzehn Städten Niederlassungen, unter anderem in Wien, Krakau, Buda, Venedig, Mailand, Paris und Lyon.

Einige der bei ihm gedruckten Werke zählen zu den hervorragendsten Stücken der Buchdruckerkunst des 15. Jahrhunderts: Die *Nürnberger Reformation* von 1484, Stephan Fridolins *Schatzbehalter* von 1491 und schließlich die *Schedelsche Weltchronik* von 1493. Letztere war mit 1.809 Holzschnitten das am aufwendigsten illustrierte Werk, das bis dahin produziert worden war.

In der Kartographie fanden die Entdeckungen und Vermessungen der Astronomen und Seefahrer sowie die Aufzeichnungen und Beobachtungen von Reisenden und Kaufleuten ihren Niederschlag. So kamen nicht zufällig in Nürnberg um 1500 wichtige Kartenwerke auf den Markt. 1492 erstellte Erhard Etzlaub mit einer Karte der Nürnberger Umgebung die älteste deutsche politische Karte; seine Karte der Wege nach Rom anläßlich des Heiligen Jahres 1500 und die ein Jahr jüngere Landstraßenkarte *durch das romisch reych* stellen eine Meisterleisung der Kartographie dar und waren, so der Wirtschaftshistoriker Wolfgang von Stromer, «mit ihrem Prinzip der Meilenpunkte verläßlicher als heute z. B. ein Shell-Atlas». 558 beziehungsweise 830 Orte waren auf beiden Karten zuverlässig eingetragen; die Entfernungen wurden durch Punkte entlang der Straßen dargestellt, die jeweils einer Meile entsprachen.

Einen Höhepunkt erreichte die Nürnberger Kartographie im 16. Jahrhundert mit der Tätigkeit von Paul Pfinzing. Sein Atlas wird im Staatsarchiv Nürnberg aufbewahrt und enthält auf 28 Seiten bemerkenswert detailgetreue Karten.

«Ehrbare» und «Unehrliche»: die Sozialstruktur der Stadt

Mitten in der «großen Zeit» Nürnbergs kam es im Jahr 1501 zu einer Teuerung des Getreidepreises. Um einer Hungersnot vorzubeugen, wurde auf Geheiß des Rates Notbrot gebacken, um es den vom Hunger bedrohten «armen handtwerckleuten, taglohnern und hausarmen hausgesinden» auszuteilen. Dabei wurden 5.002 Personen festgestellt, die solches Brot erhalten sollten. Nicht mitgezählt wurden allerdings die übrigen Haushaltsmitglieder sowie Bettler und die Bewohner der Vorstädte, so daß man davon ausgehen kann, daß etwa ein Drittel bis die Hälfte der Gesamtbevölkerung von etwa 40.000 Menschen vom Hunger bedroht war. Das Beispiel zeigt, daß an dem erwähnten Wohlstand längst nicht alle Bevölkerungsschichten gleichermaßen teilhatten.

Die reiche Oberschicht dürfte etwa sechs bis acht Prozent der Bevölkerung umfaßt haben. Zu ihr gehörten zum einen die über 40 Patriziergeschlechter, daneben die aus etwa 300 bis 400 ehrbaren Familien bestehende Honoratiorenschicht der Stadt: Kaufleute, reiche Handwerker, Juristen, Ärzte oder auch Künstler. Aus ihren Kreisen kamen die Genannten des Großen Rates; demnach hatten über 90 Prozent der Stadtbevölkerung keinerlei Anteil an der politischen Macht.

Eine Mittelschicht von vermögenden Handwerksmeistern und Kaufleuten stellte mehr als ein Drittel der Einwohner. Die breite Unterschicht bestand zum einen aus nicht selbständigen Lohnempfängern und zum anderen aus allen nicht arbeitenden Menschen, die als Sieche, Obdachlose oder Bettler ständig auf soziale Fürsorgeleistungen angewiesen waren.

Ganz am Rand der Gesellschaft standen die Angehörigen der «unehrlichen Berufe»: Dirnen, Bader, Totengräber, Abdecker und die «Pappenheimer», die für die Entleerung der Abortgruben zuständig waren. Allerdings waren sie nicht unbedingt arm; Bader konnten durchaus einen gewissen Wohlstand erwirtschaften, wurden aber sozial ausgegrenzt, da zu ihren Tätigkeiten auch die des Wundarztes gehörte, die sie mit Blut in Berührung kommen ließ.

Um die Armen kümmerten sich zahlreiche Stiftungen, die zur Zeit der Reformation vom Rat in der Behörde des Großen Almosens zusammengeführt wurden. Die öffentliche Wohlfahrtspflege hatte in Nürnberg traditionell einen von anderen Städten nicht erreichten hohen Stellenwert, der entscheidend dazu beitrug, daß es nach 1349 zu keinen revolutionären Bewegungen gegen den patrizischen Rat mehr kam. Die Lebensverhältnisse der Ober- und Mittelschicht sind durch manche Bürgerhäuser bis heute gut dokumentiert. Für die «kleinen Leute» trifft dies nur ausnahmsweise zu, in Nürnberg etwa im Viertel um Most- und Schlotfegergasse.

»Wo Dürers Kraft gewaltet und Sachs gesungen hat» – Kunst und Kultur der Reichsstadt

Um das Jahr 1500 muß der Anblick Nürnbergs bei den Zeitgenossen Bewunderung und Erstaunen hervorgerufen haben. Die Ansicht der Stadt aus der *Schedelschen Weltchronik* gilt als das Bild der mittelalterlichen Stadt schlechthin. Umgeben von einem vieltürmigen Mauerring ragen die Kirchen mit ihren Türmen heraus, und alles wird bekrönt von der Burg.

Dieses großartige Panorama entstand erst nach und nach in der Folge des politischen und wirtschaftlichen Aufstieges; zahlreiche Baumeister, Künstler und nicht zuletzt ihre Geldgeber hatten Anteil daran. Die Baudenkmäler und Kunstwerke legen auch heute noch sinnfällig Zeugnis ab für die rasante Entwicklung Nürnbergs vom königlichen Stützpunkt des 11. Jahrhunderts zur Metropole des Spätmittelalters.

Steinbauten gab es zuerst auf dem Burgberg; die frühen Teile der Burg sind nur noch archäologisch nachweisbar. Die ältesten erhaltenen Bauwerke dort stammen aus der Zeit kurz vor oder nach 1200. Dazu zählen der Fünfeckturm der Burggrafenburg sowie die Doppelkapelle der Kaiserburg. Die untere Margarethenkapelle ist ein eher gedrungener, dunkler Bau, während die obere Kapelle hohe Proportionen aufweist. Die vier schlanken italienischen Säulen verstärken den lichten Eindruck des Raumes.

Die «Bürgerdome» St. Sebald und St. Lorenz

Die wirtschaftliche Leistungskraft Nürnbergs dokumentieren die beiden Pfarrkirchen St. Sebald und St. Lorenz, die in einer für mittelalterliche Verhältnisse relativ kurzen Bauzeit vollendet wurden. Trotz ihrer Größe dienten sie nie als Kathedrale, also als Bischofskirche, sondern waren als Pfarrkirchen gewissermaßen Bürgerdome, die das Selbstbewußtsein einer selbstverwalteten Stadtgemeinde und nicht das eines Bischofs oder Fürsten repräsentierten.

An der Stelle der Sebalduskirche muß um 1050 eine Peterskapelle entstanden sein. Sie war der kirchliche Mittelpunkt für die Bewohner des neuen königlichen Stützpunktes. Die schon für 1070 bezeugte Wallfahrt zum heiligen Sebaldus machte wohl bald Erweiterungen nötig. Der heutige Bau entstand in drei Bauphasen. Ab etwa 1230 wurde eine spätromanische Pfeilerbasilika errichtet, die im heutigen Mittelschiff noch am besten zu erkennen ist, etwa an den Rundbogenfenstern. Sie erhielt zwei Krypten und an der Westseite zwei Türme. Zudem entstanden zwei Chöre, einer im Osten und einer im Westen – üblich war nur ein Chor im Osten. Diese Besonderheit teilt die Sebalduskirche mit dem 1237 vollendeten Bamberger Dom.

Eine weitere Besonderheit bildet der sogenannte Engelschor, eine Empore über dem Westchor von St. Sebald. Sie dürfte als der dem Kaiser vorbehaltene Platz in der Kirche geplant worden sein, der damit den restlichen Kirchenbesuchern weit entrückt wurde und gleichsam in der Ferne über seinen Untertanen thronte. Ähnliche Emporen für den Herrscher gab es in Aachen, Corvey oder Schwäbisch Hall, in Nürnberg zudem in St. Egidien und in der Frauenkirche. Der Blick von dort oben ins Kirchenschiff ist eindrucksvoll und schwindelerregend. Heute wird der Engelschor bisweilen für stimmungsvolle Kammerkonzerte genutzt.

Ab 1309 begann die gotische Umbauphase an der Sebalduskirche. Die Seitenschiffe der romanischen Basilika wurden erweitert und präsentieren sich heute in hochgotischen Bauformen. Dabei entstanden unter anderem neue Seitenportale mit reichem Figurenschmuck: das Marien- und das Brautportal im Norden sowie das Dreikönigs- und das Weltgerichtsportal im Süden. In derselben Bauphase wurden die Türme erhöht und die Fenster im Westchor vergrößert, so daß dieser an sich romanische Bauteil heute gotische Fenster aufweist. In der zweiten Hälfte des 14. Jahrhundert wurde die noch heute dominierende Raumwirkung im Inneren erreicht, indem man den romanischen Ostchor niederlegte und zwischen 1361 und 1379 durch einen spätgotischen Hallenchor ersetzte. Er sollte den zahlreichen Wallfahrern zum heiligen Sebaldus mehr Platz bieten, befand sich doch im Ostchor das Heiligengrab, wo es auch heute noch zu sehen ist. Zum Abschluß kam der Bau der Sebalduskirche mit dem Ausbau der Türme auf ihre heutige Größe in den achtziger Jahren des 15. Jahrhunderts.

In der südlichen Stadthälfte – der in staufischer Zeit planmäßig angelegten Lorenzer Stadt – entstand mit St. Lorenz die jüngere der beiden Pfarrkirchen. Grabungen unter der Kirche haben Spuren einer Kapelle aus dem frühen 13. Jahrhundert ans Licht gebracht; sie wird als Lorenzkapelle 1235 erstmals erwähnt. In der Zeit, als die spätromanische Sebalduskirche vollendet war, begann man mit dem Bau der Lorenzkirche. Sie wurde im modernen Stil der Gotik geplant, ab circa 1260 gebaut und in der erstaunlich kurzen Zeit von nur ungefähr einhundert Jahren vollendet. Die relativ kurze Bauzeit ist zugleich der Grund für den im Vergleich zur Sebalduskirche einheitlicheren Innenraum. Einigermaßen genau auf die 1350er Jahre sind die Arbeiten an der Westfassade datierbar; dort befinden sich die Wappen von Kaiser Karl IV. und seiner dritten Frau Anna von Schweidnitz, die er 1353 heiratete.

Es entstand eine hochgotische Basilika mit einem Chor nach Osten und einer doppeltürmigen Westfassade. Die Zusammenstellung der dort dargestellten Figuren und Szenen ist nicht willkürlich gewählt, sondern folgt einem ausgeklügelten Programm. Am Mittelpfeiler zwischen den beiden Türflügeln steht Maria mit dem Jesuskind, rechts und links von den Türen einige Heilige, unter ihnen Adam und Eva und die beiden heiligen Diakone Stephanus und Lorenz – letzterer der Patron der Kirche. Über den Türen wird detailreich das Leben Jesu erzählt: von der Geburt im Stall über die Anbetung der Könige und den Kindermord von Bethlehem, schließlich Passion, Auferstehung und Himmelfahrt. Als Bekrönung ist eine eindrucksvolle Schilderung des Weltgerichtes zu sehen. Das Figurenprogramm dieser christlichen «Heilsgeschichte in Stein» schlägt damit den Bogen von der Schöpfung mit Adam und Eva bis zur Wiederkunft Christi am Ende der Welt beim Jüngsten Gericht.

Es war eine gewisse Konkurrenz zwischen den beiden Stadthälften im Spiel, die beim Bau der beiden Kirchen den Ehrgeiz der Bürger anstachelte, und so erhielt St. Lorenz, um der Sebalduskirche nicht nachzustehen, zwischen 1439 und 1477 einen spätgotischen Hallenchor, der fast ausschließlich durch freiwillige Spenden finanziert wurde.

Beheims bürgerliche Bauten

Nach der Etablierung der bürgerlichen Selbstverwaltung traten neben die kaiserlichen Bauten der Burg und die Kirchen eigene städtische Bauten, allen voran die Stadtmauer und das Rathaus. Ein wahrer

18 Blick in den Hallenchor der Lorenzkirche. Der gotische Raum birgt zwei der größten Nürnberger Kunstschätze: das hoch aufstrebende Sakramentshaus des Adam Kraft und den Engelsgruß des Veit Stoß. Fotografie 1953.

Bauboom setzte in der zweiten Hälfte des 15. Jahrhunderts ein, als nach der Stadterweiterung und der Errichtung des heutigen Mauerringes die ältere Mauer abgetragen wurde.

Diese rege Bautätigkeit ist untrennbar mit Hans Beheim dem Älteren (um 1455/60–1538) verbunden, der als Stadtwerkmeister das städtische Bauwesen leitete. Mit den großen öffentlichen Gebäuden, die nach seinen Plänen entstanden, prägte er das Bild der Altstadt wie kein anderer Architekt; er erbaute das Unschlitthaus, das «Kornhaus auf der Vesten», die Mauthalle, das Kornhaus des Deutschen Ordens, den Erweiterungsbau des Heilig-Geist-Spitals, der die Pegnitz überbrückt, und errichtete Anbauten an der Ostseite des Rathauses. Einige seiner Werke sind nicht mehr erhalten, so die Waage an der Winklerstraße, der Marstall an der Peter-Vischer-Straße oder das Sebalder Schulhaus.

Am bekanntesten ist das «Kornhaus auf der Vesten», auch Kaiserstallung genannt. Der Bau, ein Vorratsspeicher für Notzeiten, gehört zu den städtischen Teilen der Burg; Beheim hatte die schwierige Aufgabe zu lösen, ihn zwischen den bereits bestehenden Fünfeckturm und den Luginsland (vgl. S. 41) einzupassen, was ihm meisterhaft gelang; das Ensemble schließt die Silhouette der Burg nach Osten ab. Die Kaiserstallung wurde nach unterschiedlicher Nutzung im Nationalsozialismus als Reichsjugendherberge ausgebaut und beherbergt heute das Jugendgästehaus der Stadt.

Glanzleistungen der bildenden Kunst

Die Nürnberger Kunstproduktion erlebte um 1500 auf vielen Gebieten einen nicht wieder erreichten Höhepunkt. Ob in Architektur, Plastik, Malerei oder Goldschmiedehandwerk, überall waren außergewöhnliche Künstler tätig. Ihr Wirken prägt bis heute das Bild von Nürnbergs «großer Zeit».

Viele der namhaften Künstler waren keine gebürtigen Nürnberger, sondern kamen im Laufe ihres Lebens in die reiche Stadt, die ihnen potente Auftraggeber und den Austausch mit anderen Künstlern und Gelehrten verhieß.

Zwei Künstler und zwei Kunstwerke belegen bis auf den heutigen Tag eindrucksvoll das hohe Niveau der Nürnberger Bildhauerei um 1500. Es sind dies der Engelsgruß des Veit Stoß (um 1447–1533) und das Sakramentshaus des Adam Kraft (1455/60–1509), die den Chor der Lorenzkirche beherrschen.

Der Engelsgruß war eine Stiftung des Losungers Anton Tucher – ein Werk, das Veit Stoß in den Jahren 1517 und 1518 schuf. In überlebensgroßen Figuren ist jener Moment festgehalten, da der Engel Maria verkündet, sie werde den Erlöser zur Welt bringen. Beide umgibt ein Rosenkranz, der in kleinen Medaillons den Fortgang der Geschichte erzählt. Der Engelsgruß ist Veit Stoß' berühmtestes Nürnberger Werk. Der aus Horb am Neckar stammende Bildhauer hatte sich in den 1470er Jahren in Nürnberg niedergelassen. Ab 1477 hielt er sich fast zwanzig Jahre in der heutigen Nürnberger Partnerstadt Krakau auf, wo er den großen Marienaltar für die Marienkirche errichtete. 1496 kehrte er nach Nürnberg zurück und eröffnete eine florierende Werkstatt. Das Geld allerdings, das er nun verdiente, verlor er bei gewagten Finanzgeschäften; um sich dem Ruin zu entziehen, fälschte er einen Schuldschein. Die Sache flog jedoch auf, und Stoß wurde verurteilt. Als Strafe wurden ihm 1503 Brandzeichen in beide Backen gebrannt. Drei Jahre später rehabilitierte ihn jedoch Kaiser Maximilian I., so daß er weiterhin als Bildhauer arbeiten konnte.

Als der Engelsgruß aufgehängt wurde, stand Adam Krafts Sakramentshaus bereits zwanzig Jahre. Es war eine Stiftung des Losungers Hans Imhoff, die dieser 1493 in Auftrag gegeben hatte. Pünktlich vollendete der Meister das Werk drei Jahre später. Es erhebt sich mit 18,7 Metern Höhe eindrucksvoll am Pfeiler nördlich des Hauptaltares. Drei Figuren tragen den gewaltigen Aufbau; es sind Adam Kraft selbst und zwei seiner Gesellen, gleichzeitig Symbole der drei Lebensabschnitte – der Jugend, der Lebensblüte und des Alters. Um den eigentlichen Tabernakel zieht sich eine Balustrade, an deren Gitter unter anderem die Heiligen Sebaldus und Lorenz dargestellt sind. Darüber wird figurenreich die Passionsgeschichte vom Letzten Abendmahl bis zur Auferstehung erzählt.

Adam Kraft war ein Sohn der Stadt und erlernte hier das Steinmetzhandwerk. Zahlreiche seiner Werke sind noch heute zu sehen, etwa das Schreyer-Landauersche Epitaph am Ostchor von St. Sebald oder das Pergenstorfersche Epitaph in der Frauenkirche. Zwischen dem Pilatushaus am Tiergärtnertorplatz und dem Johannisfriedhof schuf Adam Kraft eine Folge von sieben Kreuzwegstationen, nach dem Bamberger Kreuzweg eines der ersten derartigen Bildprogramme überhaupt. Der Weg endete am Johannisfriedhof mit der figurenreichen Darstellung des Kalvarienberges, von dem nur noch die Kreuzigungsgruppe mit Jesus und den beiden Schächern erhalten ist. Heute befindet sie sich im Hof des Heilig-Geist-Spitales.

Das dritte Meisterwerk plastischer Kunst um 1500 neben Engelsgruß und Sakramentshaus ist in St. Sebald zu finden und steht zentral im Ostchor: das Grabmal für den heiligen Sebaldus aus der Werkstatt des Metallgießers Peter Vischer (1460–1529). Den Schrein des Heiligen umgibt eine dreijochige Kapelle mit gotischem Rippengewölbe. Die Aufbauten über dem Schrein und der Sockel zeigen jedoch schon deutliche Stilelemente der Renaissance. Peter Vischers Sohn – Peter der Jüngere – dürfte diese moderne Gestaltung besorgt haben, denn während eines mehrjährigen Aufenthaltes in Italien hatte er dort den neuen Stil kennengelernt. Um den Schrein mit Sebalds Reliquien gruppieren sich die zwölf Apostel, denen der Heilige damit gleichgestellt wird; über den Aposteln stehen als kleinere Figuren die zwölf Propheten des Alten Testamentes. Bekrönt wird das Werk von drei turmartigen Aufbauten, Symbol für das Himmlische Jerusalem; auf der mittleren Turmspitze steht das Jesuskind als Herrscher der Welt.

Der berühmteste Nürnberger: Albrecht Dürer

Albrecht Dürer (1471–1528) ist bis heute der berühmteste Nürnberger. Ob die Federzeichnung eines Feldhasen, das Porträt der Elsbeth Tucher oder die Vorstudie zu einem Altar, die als die Betenden Hände Berühmtheit erlangte – einige seiner Werke zeigen sich in vielfachen Reproduktionen auf Konfirmations- und Beileidskarten, auf Banknoten und sogar auf Bierdeckeln oder in der Werbung als feste Bestandteile unseres kulturellen Gedächtnisses.

Auch er war wie Veit Stoß oder Peter Vischer Sohn eines Zuwanderers. Sein Vater, Albrecht Dürer der Ältere, stammte aus einem ungarischen Dorf namens Ajtós und war 1455 nach Nürn-

1500
Albertus Durerus Noricus
ipsum me proprys sic effin-
gebam coloribus ætatis
anno XXVIII

berg gekommen. Ajtó bedeutet im Ungarischen Tür, der Familienname Dürer (Türer) verweist also auf den Geburtsort des Vaters. Der ältere Dürer übte den Beruf eines Goldschmieds aus und heiratete in Nürnberg Barbara, die Tochter des Goldschmieds Hieronymus Holper. Der berühmte Sohn Albrecht wurde als drittes von 18 Kindern geboren, die aus dieser Ehe hervorgingen.

19 Albrecht Dürers (1471–1528) Selbstbildnis aus dem Jahr 1500 zeigt das neue Selbstbewußtsein der Künstler am Beginn der Neuzeit: Christusähnlich blickt Dürer den Betrachter frontal an. Ganz im Sinne des Humanismus demonstriert der Künstler die Gottebenbildlichkeit des Menschen, die er aus eigener schöpferischer Kraft erreichen kann. Das Bild hing vermutlich seit Mitte des 16. Jahrhunderts im Nürnberger Rathaus und wurde 1805 nach München verkauft. Ölgemälde auf Holz 1500.

Er sollte wie sein Vater das Goldschmiedehandwerk erlernen, fand daran aber kein Gefallen. Der Vater ließ ihn schließlich bei dem Maler Michael Wolgemut in die Lehre gehen, die er 1490 beendete. Dürer porträtierte seinen Lehrer 1516 im Alter von 82 Jahren; das Gemälde im Germanischen Nationalmuseum ist eines seiner wenigen Stücke, die in Nürnberg zu sehen sind.

Nach Abschluß seiner Lehre ging Albrecht Dürer auf Wanderschaft, wo er unter anderem am Oberrhein das Werk von Martin Schongauer kennenlernte. 1494 kehrte er nach Nürnberg zurück; sein Vater hatte mit dem Rotschmied Hans Frey schon eine Ehe arrangiert, und so heiratete Albrecht noch im selben Jahr Agnes Frey. Sie war eine gute Partie, denn über die Freys waren die Dürers mit den Patrizierfamilien Rummel und Haller verschwägert.

Bald nach der Hochzeit brach Dürer nach Italien auf. Während seiner Italien-Aufenthalte 1494 bis 1495 und 1505 bis 1507 weilte er vor allem in Venedig, kam aber auch nach Bologna und Rom. Die Zeit in Italien war prägend für Dürer und verlieh mittelbar der gesamten deutschen Kunstproduktion jener Epoche neue, entscheidende Impulse. Der Themenbereich der Kunst weitete sich über das Religiöse hinaus. Naturbeobachtung wurde unabdingbar: «Dann wahrhafftig steckt die kunst inn der natur, wer sie herauß kann reyssen, der hat sie», schrieb Dürer dazu. Er zeichnete bisher scheinbar unwichtige Objekte: einen Hasen, ein Rasenstück oder ein Veilchen. Auch der menschliche Körper wurde nun nach genauer

20 Der Stich Melancolia I *zählt neben* Ritter, Tod und Teufel *und* Der heilige Hieronymus im Gehäus *zu Albrecht Dürers drei sogenannten Meisterstichen. Dargestellt ist die Melancholie, eines der vier Temperamente. Sie neigt zur Schwermut, findet sich aber dennoch gerade bei schöpferischen Künstlern. Dem nachdenklich sinnenden geflügelten Genius sind deshalb zahlreiche künstlerische Instrumente beigegeben. Kupferstich 1514.*

Beobachtung in seinen wahren Proportionen wiedergegeben; so stammt von Dürers Hand aus dem Jahr 1493 die erste selbständige Aktstudie nach einem lebenden Modell.

Besonders berühmt ist Dürer für seine Gemälde, die heute in den großen Galerien der Welt hängen. Neben dem Wolgemut-Porträt sind im Germanischen Nationalmuseum auch die Kaiserbilder Karls des Großen und Sigismunds zu sehen, die der Rat für die Heiltumskammer im Schopperschen Haus am Hauptmarkt bestellte, in der die Reichskleinodien in der Nacht vor der Heiltumsweisung aufbewahrt wurden. In der Alten Pinakothek in München kann man sich einen guten Überblick über Dürers Malerei verschaffen. Dort hängen unter anderem das berühmte Selbstbildnis von 1500, die Holzschuhersche Beweinung aus der Zeit um 1505 und die Vier Apostel von 1525. Ebenso bedeutend wie seine Malerei aber war Dürers graphische Produktion. Einzelblätter und Stichfolgen wie die Apokalypse von 1498 oder verschiedene Passionszyklen fanden schon zu seinen Lebzeiten reißenden Absatz. Er hatte seine Werkstatt zu einem regelrechten graphischen Verlag ausgebaut. Die Drucke wurden vor allem von Agnes Dürer auf verschiedenen Messen vertrieben, zum Beispiel regelmäßig in Frankfurt am Main.

Dürers Werkstatt befand sich anfangs noch im Haus seiner Eltern unterhalb der Burg. 1509 kaufte er von dem Astronomen Bernhard Walther das heute als Dürerhaus bekannte Gebäude am Tiergärtnertorplatz. Dorthin zog er mit seiner Frau, seiner Mutter und der gesamten Werkstatt.

Dürers Berühmtheit war den Zeitgenossen in Nürnberg wohlbewußt. Seine Verbindungen zur führenden Schicht der Stadt gründeten vor allem auf der Freundschaft mit Willibald Pirckheimer, der ihn in die Gesellschaft der Herrentrinkstube einführte, in der nur Patrizier, ehrbare Handelsherren, deren Gäste und Akademiker Zutritt

ELENCOLIA I
16 3 2 13
5 10 11 8
9 6 7 12
4 15 14 1

hatten. Dadurch kam Dürer mit den geistigen Strömungen seiner Zeit, dem Humanismus und der Reformation, in Berührung.

1528 starb Dürer und wurde im Grab der Familie seiner Frau auf dem Johannisfriedhof beigesetzt.

Der wundersame Blinde an der Königin der Instrumente

Auf musikalischem Gebiet brachte Nürnberg im 15. Jahrhundert einen bemerkenswerten Künstler hervor: Konrad Paumann (um 1415–1473). Er gehörte zu der Komponistengeneration, die in der mehrstimmigen Orgel- und Liedkomposition den ersten wesentlichen Beitrag des deutschen Sprachraums zur Musikkultur lieferte. Paumann, Sohn eines Handwerkers, war von Geburt an blind. Dies hinderte ihn aber nicht, verschiedene Instrumente zu erlernen: Laute, Flöte, Harfe, Geige und vor allem Orgel. 1446 war er bereits Organist in St. Sebald. Sein Ruf als Komponist und Lehrer drang weit über Nürnberg hinaus. 1451 wurde er als Musiker an den bayerischen Hof nach München gerufen, wo er den Rest seines Lebens verbrachte. Paumann wurde zu einem Mythos. In Italien feierte man ihn 1470 als den «cieco miracoloso», den wundersamen Blinden. Über seinen Auftritt in Mantua schrieb der jüdische Gelehrte Johanan Aleman: «Als ich ... den Klang der Orgel hörte, welche der blinde Musiker ... spielte, da war ich einer Ohnmacht nahe und es stockte mir der Atem.»

In Paumanns Schülerkreis entstand das *Lochamer Liederbuch*, eine Handschrift aus der zweiten Hälfte des 15. Jahrhunderts mit zahlreichen ein- und mehrstimmigen Liedern. Dieses Zeugnis für das reiche Musikleben in der Nürnberger Bürgerschaft enthält Lieder zu verschiedensten Anlässen: Tanz- und Liebeslieder sowie geistliche Gesänge.

Literatur zwischen humanistischer Gelehrsamkeit und Meistersang

Die Namengebung der 1983 gegründeten und international tätigen «Willibald-Pirckheimer-Gesellschaft zur Erforschung von Renaissance und Humanismus» würdigt Nürnbergs Bedeutung für diese Epoche. In einer Rückbesinnung auf griechische und römische Autoren der Antike öffneten die Humanisten die Tore zur Neuzeit und zur Moderne.

Die Handels- und Handwerksstadt Nürnberg war nicht gerade prädestiniert, zu einem Zentrum des deutschen Humanismus zu werden. Die Stadt hatte keine Universität, nicht einmal eine berühmte Schule, verfügte aber mit den reichen Kaufmannsgeschlechtern sowie den Mönchen und Nonnen der Klöster über ein hohes Bildungspotential. Im 15. Jahrhundert schickten wohlhabende Nürnberger Familien viele ihrer Söhne an Universitäten, vor allem nach Italien, wo sie die Ideen des Humanismus aufnahmen.

In derselben Zeit, in der mit Regiomontanus oder Martin Behaim die Naturwissenschaft aufblühte, Anton Koberger sein Buchdruckimperium aufbaute und Veit Stoß, Adam Kraft oder Albrecht Dürer für Nürnbergs künstlerischen Glanz stehen, entstanden bedeutende literarische und historische Werke, so auch Sigismund Meisterlins *Nürnberg-Chronik*, Hartmann Schedels *Weltchronik* und Konrad Celtis' Städtelob *Norimberga*. Der gelehrte Stadtarzt Hartmann Schedel (1440–1514) gab 1493 sein *Liber chronicarum*, das er in jahrelanger Arbeit zusammengestellt hatte, bei Anton Koberger in Druck. Schedel war ein wahrer Büchernarr, dessen Privatbibliothek eine der größten seiner Zeit gewesen sein dürfte.

Konrad Celtis (1459–1508), der «deutsche Erzhumanist», erlebte in Nürnberg einen Höhepunkt seiner Laufbahn, als er 1487 als erster deutscher Dichter von Kaiser Friedrich III. zum poeta laureatus, dem lorbeerbekränzten Dichter, gekrönt wurde. Zwischen 1493 und 1495 schrieb er an der *Norimberga*. Er übersandte sie 1495 dem Rat, der zwar mit einem netten Dankschreiben antwortete, sich aber finanziell nicht erkenntlich zeigte. Weniger durch seine gelehrten Werke als durch den nach ihm benannten Celtistunnel am Hauptbahnhof wird heute in Nürnberg die Erinnerung an den Humanisten wachgehalten.

Der herausragendste Nürnberger Humanist war Willibald Pirckheimer (1470–1530). Er veröffentlichte nur wenige eigene Werke und trat vor allem als Übersetzer aus dem Griechischen hervor. Die Beherrschung der griechischen Sprache zeichnete ihn vor den allermeisten seiner gelehrten deutschen Zeitgenossen aus. Die Fundamente für Willibalds humanistische Bildung wurden von seinem Vater Johann Pirckheimer gelegt, der seinem Sohn zum Studium verschiedener Wissenschaften einen langen Italien-Aufenthalt ermöglichte. In Nürnberg hatte Willibald als Mitglied des Kleinen Rates Anteil an der Stadtregierung und zeichnete sich als Förderer von Wissenschaft und Kunst aus. Besonders lag ihm die Förderung seines Freundes Albrecht Dürer am Herzen. Der Reformation stand Pirckheimer lange Zeit positiv gegenüber, änderte aber seine Auffassung während der letzten Lebensjahre. Dies lag vor allem an der Klosterpolitik, die von der Mehrheit des Rates betrieben wurde und durch die seine Schwester Caritas in Konflikt mit der Obrigkeit geriet. «Möchte doch die Kirche in Ruhe kommen», waren denn auch angeblich seine letzten Worte.

Einen starken Befürworter hingegen fand die Reformation in Hans Sachs (1494–1576), dem Schuhmacher, Poeten und Erneuerer des Meistersangs in Nürnberg. Letztere Kunstform hatte sich unter den Handwerkern, zum Beispiel in Colmar oder Mainz, seit dem Hohen Mittelalter entwickelt und war in den süddeutschen Reichsstädten weit verbreitet. Hans Sachs gab von Nürnberg aus im 16. Jahrhundert neue Impulse, vor allem durch seine eindeutige Stellungnahme für die Ideen Martin Luthers, den er als die «Wittenbergisch Nachtigall» pries. Sachs' literarische Produktion ist eindrucksvoll. Von ihm sind nicht weniger als 1.983 geistliche und 2.314 weltliche Gesänge bekannt, die bis auf die Fastnachtsspiele allerdings kaum noch ein Publikum begeistern können. Diese Nürnberger Gestalt blieb durch die Jahrhunderte wirkungsmächtig. Sachs spielt eine der Hauptrollen in Richard Wagners Oper *Die Meistersinger von Nürnberg*, und sein Wohnhaus in der Hans-Sachs-Gasse war bis zur Zerstörung im Zweiten Weltkrieg eine der touristischen Attraktionen.

Im Dienst der Bildung

Bis zum Ende des 15. Jahrhunderts lag die Schulbildung nicht in den Händen des Rates. Es gab vier Lateinschulen, je eine an den Pfarrkirchen St. Sebald und St. Lorenz, eine im Kloster St. Egidien und eine am Heilig-Geist-Spital. Ihre Schüler waren zum Chordienst in den Kirchen verpflichtet, so daß die liturgische und musikalische Ausbildung den höchsten Stellenwert hatte. Dieser Lehrplan war freilich nicht mehr im Sinne der Humanisten, die der wissenschaftlichen und literarischen Ausbildung höheres Gewicht verleihen wollten. Von ihnen kam 1491 der Vorschlag, der Rat solle eine humanistische Schule einrichten. 1495 war es so weit. Eine Poetenschule öffnete ihre Pforten, in welcher die Schüler in lateinischer Sprache und Grammatik, im griechischen und hebräischen Alphabet, in der Briefkunst sowie im Interpretieren und Lesen antiker Autoren unterrichtet werden sollten. Von seiten Konrad Celtis' erfuhr die Schule viel Lob, von den etablierten Lateinschulen wurde sie bekämpft. Dies führte zu ständigen Konflikten, so daß der Lehrbetrieb an der Poetenschule schon nach zehn Jahren ein Ende fand.

Der Rat hatte ohnehin nicht nur auf die neue Schule gesetzt, sondern hatte auch die Lateinschulen einer Reform unterzogen, den Chordienst zurückgedrängt und moderneren Lehrinhalten zum Durchbruch verholfen. Den endgültigen Schritt zu einem zeitgemäßen Schulwesen machte Nürnberg im Zuge der Reformation: 1526 wurde mit einer Ansprache Philipp Melanchthons die Obere Schule eröffnet. Sie nahm Schüler auf, die schon eine Lateinschule absolviert hatten, und bereitete sie auf den Besuch einer Universität vor. Die ersten Lehrkräfte waren angesehene Wissenschaftler und begründeten den guten Ruf der Schule. In der Spätzeit der Reichsstadt erlebte das Gymnasium wegen der Finanznot der Stadt einen Abstieg. Von 1808 bis 1816 stand es übrigens unter der Leitung des Philosophen Georg Wilhelm Friedrich Hegel, der das damals Königliche Gymnasium zu neuer Blüte führte. Heute lebt es als das Melanchthon-Gymnasium weiter.

Es war ein erstaunlicher Aufstieg, den Nürnberg seit 1050 bis in die erste Hälfte des 16. Jahrhunderts genommen hatte, in dessen Verlauf die Stadt den Höhepunkt ihrer politischen, wirtschaftlichen und kulturellen Bedeutung erreichte. Nürnbergs «große Zeit» um 1500 bleibt im Rückblick die Periode, in der die Stadt wirklich internationale Bedeutung erlangte.

NVMINI SVO
IN TERRIS TVTELARI
CAROLO VI
IMPERATORI SEMPER AVGVSTO
PIO FORTI FELICI VICTORIOSO
PROPITIO AFFVLGENTI ADVENTV
PORTAM HANC TRIVMPHIS INSIGNEM
PVRISSIMO DEDICAVIT AFFECTV
S. P. Q. N.
EXVLTAT GERMANIA NACTA
QVOD SIBI HISPANIA

II. Von der Reformation bis zum Ende des Alten Reiches – Nürnberg bis 1806

Als sich 1543 die Abgesandten der Reichsstände zum Reichstag in Nürnberg versammelten, war dies an sich nichts Besonderes. Es ging vor allem um die Religionsfrage, in der wieder keine Einigung erzielt wurde – ein Reichstag, wie man schon viele gesehen hatte. Die Teilnehmer ahnten nicht, daß dieser der letzte in Nürnberg sein sollte.

Zwar kamen Karl V. und fast alle seine Nachfolger in die Stadt und wurden festlich empfangen, doch waren die Besuche zu Ritualen mit einem starren Programm geworden. Ehrenpforten wurden aufgestellt und Feuerwerke abgebrannt, der Kaiser bestätigte die alten Privilegien, und die Bürger leisteten den Treueid. Trotz aller Formalitäten lebte vor allem in den kleinen Territorien Frankens und Schwabens im 17. und 18. Jahrhundert das Reichsbewußtsein fort, während die Flächenstaaten ihre Politik vom Reich unabhängig gestalteten. Nur der Fortbestand des Reiches garantierte «den Kleinen» ihre Existenz. Nürnberg unterstützte daher im Fränkischen Reichskreis, soweit möglich, den Kaiser in reichspolitischen Angelegenheiten, etwa in den Türkenkriegen.

Wie bedroht man im Ernstfall war, hatte den Nürnbergern in der Mitte des 16. Jahrhunderts einmal mehr der benachbarte Markgraf vor Augen geführt. Als sich 1552 protestantische Fürsten gegen die kaiserlich-katholische Übermacht zur Wehr setzten, verhielt sich Nürnberg neutral. Dies nutzte Markgraf Albrecht Alkibiades aus und griff die Stadt mit der Begründung an, wer sich nicht am Aufstand beteilige, müsse bekämpft werden.

Obwohl Nürnberg im Juni 1552 einem Friedensvertrag zustimmte, zog sich der Krieg noch zwei Jahre hin. Er stürzte die Stadt in Schulden, und es dauerte lange, bis sich das in bislang unbekanntem Ausmaß verwüstete Umland wieder erholte.

Auf dem Augsburger Reichstag 1555 wurde endlich ein Kompromiß in der Religionsfrage gefunden. Im Religionsfrieden erkannte man die Reformation an und etablierte die lutherische Konfession als gleichberechtigt neben der katholischen. Nürnbergs Status als

21 Die Strahlen der ersten Morgensonne beleuchten Heiden- und Sinwellturm, als der prächtige Zug die Ehrenpforte passiert. Unter dem Traghimmel reitet Kaiser Matthias, der 1612 Nürnberg besuchte. Das Gemälde des Historienmalers Paul Ritter läßt den Prunk der Kaiserbesuche der Neuzeit ahnen. Die Ehrenpforte malte Ritter nach einem Stich von Friedrich von Valckenburg, der sie 1612 im Bild festgehalten hatte. Falsch ist auf dem Gemälde allerdings die Richtung des Zuges: Tatsächlich zog der Kaiser zur Burg hinauf. Gemälde Öl auf Leinwand von Paul Ritter 1890.

lutherische Reichsstadt, die nicht mehr der Jurisdiktion des Bamberger Bischofs unterlag, war damit abgesichert.

Die Aufsteiger des 16. Jahrhunderts

Es begann eine Periode mit einem labilen Frieden, in der die Spuren mancher Zerstörungen des Markgrafenkrieges beseitigt werden konnten. Die Nürnberger Wirtschaft mußte sich umorientieren. Aus den Märkten auf der iberischen Halbinsel und in Frankreich wurden die Kaufleute mehr und mehr verdrängt. Sie orientierten sich nach Norden und Nordwesten, zu den Nordseehäfen und nach Leipzig; erstere ermöglichten den Kontakt zum englischen und niederländischen Handel, und Leipzig war zum Tor nach Osten geworden.

Die neuen Verhältnisse begünstigten den Aufstieg neuer Unternehmen. Sie reagierten flexibler und innovativer als die meisten der traditionellen Handelshäuser auf die aktuellen Gegebenheiten. Das beste Nürnberger Beispiel hierfür ist die Handelsgesellschaft Viatis-Peller. Die beiden bedeutendsten Nürnberger Kaufleute der zweiten Hälfte des 16. Jahrhunderts waren keine geborenen Nürnberger. Bartholomäus Viatis stammte aus Venedig, Martin Peller aus Radolfzell am Bodensee.

Peller stellte den neuen Reichtum öffentlich zur Schau, als er ab 1602 sein Wohnhaus am Egidienplatz baute, mitten im besten Wohnviertel zwischen den Häusern alter Patrizierfamilien. Die Patrizierfamilien betrachteten die «Neureichen» wie Peller oder Viatis eher skeptisch, denn sie waren es, die nun repräsentativ in der Stadt bauten. Ihre zahlreichen Neubauten veranlaßten den Rat, eine Untersuchungskommission einzusetzen. Ihre Ergebnisse sind uns erhalten. Zwischen 1589 und 1610 entstanden 27 große Bürgerhäuser, von denen nur drei von Patrizierfamilien stammten.

Zu den Neubauten gehörte auch das heute am besten erhaltene Bürgerhaus, das Fembohaus. Es beherbergt das Stadtmuseum und wurde um 1600 von dem niederländischen Glaubensflüchtling Philipp van Oyrl errichtet. Er setzte sich geschickt über die Bauordnung hinweg, die aus Feuerschutzgründen giebelseitig zur Straße stehende Häuser verbot. Van Oyrl nutzte es aus, daß das Haus weit in die Straße hinein vorstand, so daß nach Süden hin ein Schmuckgiebel errichtet werden konnte, der heute noch beim Weg vom Hauptmarkt zur Burg die Blicke auf sich zieht.

Investitionen für die Zukunft? Rathaus, Bank und Hohe Schule

Neben den bürgerlich-privaten Baumaßnahmen gab es vor dem Dreißigjährigen Krieg auch eine rege öffentliche Bautätigkeit. Der Stadtbaumeister Wolf Jakob Stromer legte zwischen 1596 und 1598 die Fleischbrücke an, die nach dem Vorbild der Rialtobrücke in

Venedig die Pegnitz in einem einzigen kühnen Bogen überspannt. Gleichzeitig entstand auch die Figur des in Nürnberg sprichwörtlichen «Ochsen auf der Fleischbrücke», der, da aus Stein gefertigt, «niemals ein Kalb war», wie die lateinische Inschrift besagt. Jakob Wolff der Jüngere wurde als Stadtwerkmeister mit einigen öffentlichen Bauten beauftragt. Von der italienischen Renaissance inspiriert, schuf er das Baumeisterhaus in der Peunt und ab 1616 den Neubau des Rathauses, dessen Westfront noch heute viel über das Selbstverständnis des Nürnberger Rates aussagt: Über dem Hauptportal sollte ein Pelikan die aufopferungsvolle Sorge des Rates um die Stadt versinnbildlichen. PLEG steht darunter zu lesen: «Prudentia, legibus et gratia» – «Wir regieren durch Klugheit, Gesetz und Gnade», verkündete der Rat damit den Bürgern. Die vier Figuren über dem nördlichen und dem südlichen Portal stellen die vier Weltreiche der Antike dar, in deren Tradition sich Nürnberg selbstbewußt als eine der bedeutendsten Städte des Heiligen Römischen Reiches Deutscher Nation stellte.

22 Der Kartograph und Baumeister Hans Bien zeichnete 1625 die Deutschordenskommende, die als katholische Enklave eine Art «Stadt in der Stadt» bildete. Rechts dominieren die verwinkelten Spitalgebäude, während links unten gepflegte Gärten angelegt sind. Links oben steht das Kornhaus, ein Werk des Stadtwerkmeisters Hans Beheim. Ein Steg verband bis 1632 die Spitalgebäude mit der Jakobskirche. Anstelle der Spitalkapelle entstand Ende des 18. Jahrhunderts mit St. Elisabeth die einzige klassizistische Kirche Nürnbergs.

Dem Wirtschaftsleben neue Impulse zu geben, war der Anlaß, 1621 auf Drängen der Kaufmannschaft eine Bank nach dem Vorbild Venedigs, Amsterdams und Hamburgs einzurichten, den «bancho publico». Alle Kaufleute mußten je nach Größe ihres Unternehmens Geld hinterlegen. Damit war ihnen die Möglichkeit bargeldlosen Zahlungsverkehrs gegeben. Die Eröffnung der im Rathaus untergebrachten Bank verlief zwar vielversprechend, der Dreißigjährige Krieg ließ allerdings kein wirkliches Gedeihen zu.

Drei Jahre vor der Eröffnung des «bancho publico» richtete der Rat ein Leihhaus ein. Er nutzte dabei ein Privileg Kaiser Maximilians I. aus dem Jahr 1498. Dieser hatte damals schon im Hinblick auf die Ausweisung der Juden, bei denen man bislang Kredite hatte aufnehmen können, eine Leihanstalt genehmigt. Mehr als ein Jahrhundert später wurde es nun Nürnberger Bürgern ermöglicht, gegen geringe Zinsen einen Pfandkredit aufzunehmen. Das Leihhaus existiert noch heute als älteste öffentliche Einrichtung dieser Art nördlich der Alpen. Es ist im Unschlitthaus untergebracht und wird vom Verein Nürnberger Nothilfe verwaltet, der unter städtischer Aufsicht steht.

Die Landstadt Altdorf litt besonders unter den Folgen des Zweiten Markgrafenkrieges. Als eine Art Wiederaufbauhilfe beschloß der Nürnberger Rat 1575, das Gymnasium dorthin zu verlegen. Es wurde drei Jahre später zur Akademie erhoben, einer Hochschule noch ohne volle universitäre Rechte. Die Hohe Schule mit den vier klassischen Fakultäten Theologie, Philosophie, Jurisprudenz und Medizin wurde Ausbildungsstätte für Nürnberger Bürgersöhne, zog aber auch Studenten aus anderen Regionen an, so den späteren Feldherrn des Dreißigjährigen Krieges, Albrecht von Wallenstein. Seine wilde Studienzeit ist Thema der Altdorfer Wallenstein-Festspiele.

Zur Universität wurde die Akademie erst 1622 durch ein Privileg Kaiser Ferdinands II., das Promotionsrecht für die Theologische Fakultät ließ noch bis 1696 auf sich warten. Bis zur Gründung der markgräflichen Universität Erlangen war sie die einzige evangelische Hochschule im Südosten des Reiches. In bayerischer Zeit kam 1809 ihr Ende. Die Universität wurde aufgelöst, ihre Bibliotheksbestände gingen an Erlangen über; heute erinnern der Renaissancebau der Hohen Schule und ein Universitätsmuseum an die Hochschulstadt Altdorf.

«Länderfresserstreit» und «Süße Friedenskränze» – Nürnberg im Dreißigjährigen Krieg

Der Dreißigjährige Krieg begann als Revolte der böhmischen Stände gegen Ferdinand II., den späteren Kaiser. Die seit der Reformation praktizierte Nürnberger Ratspolitik des Lavierens wurde durch den Krieg weiter erschwert. Die Bevölkerung stand zur evangelischen Sache, während der Rat um das Wohlwollen des Kaisers rang. So blieb Nürnberg offiziell neutral, unterstützte aber den böhmischen Aufstand mit Darlehen. Nach dem kaiserlichen Sieg in Böhmen wurde der politische Druck auf die Stadt stärker. Sie mußte nun auch

Ferdinand II. Darlehen gewähren und scherte 1621 aus dem 1608 gegründeten evangelischen Militärbündnis der Union aus, dem Nürnberg ohnehin nur zögend beigetreten war. Die Stadt blieb weiterhin neutral, allerdings mit deutlicher Unterstützung für die kaiserliche Seite, die bevorzugt mit Waffen aus Nürnberger Produktion beliefert wurde.

Auf dem Höhepunkt katholischer Erfolge erließ Ferdinand II. 1629 das Restitutionsedikt, das die Wiederherstellung aller geistlichen Institutionen forderte, die nach 1552 evangelisch geworden waren. Die Reformation wäre damit in Nürnberg in Frage gestellt worden, hatten doch einige Klöster noch nach 1552 fortbestanden. Eine Rekatholisierung schien möglich, zumal Bayern seit 1623 die Oberpfalz und seit 1629 das Rothenberger Land besaß und dort unmittelbar an der Grenze zum Nürnberger Territorium wieder die katholische Lehre etablierte.

Doch das militärische Eingreifen König Gustav Adolfs von Schweden wendete das Blatt. Er wischte die katholischen Erfolge in seinem Siegeszug beiseite und sicherte so auch den Bestand der Reformation in Nürnberg. Im März 1632 ritt der Schwedenkönig unter dem Jubel der Bevölkerung in der Stadt ein.

Gustav Adolf zog weiter in Richtung Bayern und kehrte nach dort errungenen Siegen im Juli nach Nürnberg zurück, um die Vereinigung des kaiserlichen Heeres unter Wallenstein, das aus Böhmen herangezogen war, mit dem bayerischen Heer zu verhindern. Dies gelang ihm nicht, und es wurden auf sein Geheiß Befestigungsanlagen errichtet, welche Nürnberg und die Vorstädte Gostenhof, St. Johannis und Wöhrd in einem weiten Ring umgaben. Es entstanden Schanzen und Gräben, etwa im Westen die Stern- und die Bärenschanze.

Im neuen Verteidigungsring lagerte im Sommer 1632 das schwedische Heer mit gut 18.000 Mann, während Wallensteins Armee, die etwa 50.000 Soldaten umfaßte, ihr Lager in der Umgebung Zirndorfs aufschlug. Beide Armeen begleitete ein Troß von zusätzlich einigen tausend Personen. Nürnberg war zudem mit Flüchtlingen überfüllt, so daß zehntausende Menschen mit Nahrung versorgt werden mußten. Nach Wochen des Abwartens zog Gustav Adolf Anfang September vor Wallensteins Lager; es kam zur Schlacht an

23 Joachim von Sandrarts Monumentalgemälde zeigt das «Friedensmahl» von 1649. Auf Einladung von Pfalzgraf Karl Gustav feierten die zum Friedenskongreß in Nürnberg versammelten Diplomaten im großen Rathaussaal den Abschluß eines Vorvertrages. Karl Gustav und Ottavio Piccolomini führen links an der Fürstentafel den Vorsitz, ganz rechts der Künstler selbst. Öl auf Leinwand 1650.

der Alten Veste. Sie führte zu keiner Entscheidung, und beide Armeen verließen das Nürnberger Umland. Zurück blieb ein vom Krieg schwer gezeichneter Landstrich: «... vom Feind drei Monat belagert, vom Freund vier Monat ausgefressen ...» war das Fazit des Patriziers Friedrich Behaim.

Es sollte aber noch schlimmer kommen. Im Sommer 1634 brach über Nürnberg die furchtbarste Pestepidemie seiner Geschichte herein. Innerhalb weniger Wochen wurden um die 20.000 Menschen dahingerafft, etwa die Hälfte der Bevölkerung!

Je länger sich der Krieg hinzog, umso größer wurde die Sehnsucht nach Frieden. Als im Herbst 1648 die Friedensschlüsse von Münster und Osnabrück bekannt wurden, verbreitete sich Skepsis. Würde der Friede auch halten? Es war ein weiterer Friedenskongreß erforderlich, auf dem in Westfalen unerledigt gebliebene Fragen und Ausführungsbestimmungen ausgehandelt werden sollten. Dieser «Friedensexekutionskongreß» trat im April 1649 unter dem Vorsitz des schwedischen Kronprinzen, Pfalzgraf Karl Gustav, und des kaiserlichen Generals Ottavio Piccolomini in Nürnberg zusammen. Nach den über ein Jahr dauernden Verhandlungen konnte im Juni 1650 auf der Kaiserburg der Friedensexekutionsrezeß unterzeichnet werden, der zusammen mit den Westfälischen Verträgen den Reichsfriedensschluß bildete und den Dreißigjährigen Krieg dauerhaft beendete.

Gärten, Maler und Poeten – Nürnberg im Barock

Die öffentliche Bautätigkeit beschränkte sich nach 1650 auf das unbedingt Nötige, große Barockbauten waren daher die Ausnahme. Nach einem Brand mußte die zerstörte Egidienkirche zwischen 1711 und 1718 wieder errichtet werden. Es entstand dabei der einzige barocke Kirchenbau Nürnbergs mit prächtigem Stuck von Donato Polli, der auch in Bürgerhäusern arbeitete. Einige der gotischen

Kirchen wurden im Inneren barockisiert, etwa St. Sebald und die Heilig-Geist-Kirche.

Wohlhabende Bürger ließen sich im Barock und Rokoko ihre Häuser auf verschiedene Weise schmücken. Zahlreiche für Nürnberg typische sogenannte Chörlein entstanden an den Hausfassaden, Innenräume wurden stukkiert und barocke Gärten angelegt. Sogenannte Hesperidengärten entstanden vornehmlich in den Vorstädten Gostenhof, St. Johannis und Wöhrd und dienten gleichermaßen der Rekreation und der Repräsentation. Das berühmte Buch *Nürnbergische Hesperides* des Johann Christoph Volkamer verewigte die Gärten sowie die exotischen Gewächse und Früchte, die dort kultiviert wurden. Im Stadtteil St. Johannis können zum Beispiel an der Johannisstraße 13 noch Zeugnisse dieser Gartenkultur bewundert werden.

Barocke Gartenanlagen entstanden auch bei einigen Herrensitzen. Rund um die Stadt blieben in zahlreichen Orten solche Schlößchen Nürnberger Patrizierfamilien erhalten. Sie zeugen vom an den Adel angelehnten Lebensstil der politischen Führungsschicht.

24 1708 erschien in Nürnberg das großartige Buch des Johann Christoph Volkamer, Nürnbergische Hesperides oder gründliche Beschreibung der edlen Citronat, Citronen und Pomerantzen-Früchte. *117 Kupferstiche zeigen verschiedenste Zitrusfrüchte und Ansichten von Nürnberger Landschaften, Herrensitzen oder Gärten. Abgebildet ist der Scheurlsche Garten an der Bucher Straße mit einem «Pomo d'Adamo cedrato». Kupferstich aus Johann Christoph Volkamer,* Nürnbergische Hesperides, *pag. 170.*

Ab 1675 erschien mit der *Teutschen Academie der Edlen Bau-, Bild- und Mahlerey-Künste* die erste deutsche Kunstgeschichte, herausgegeben von dem Maler Joachim von Sandrart, den in Nürnberg vor allem sein großformatiges Gemälde des Friedensmahles von 1649 unvergessen machte. 1662 gründete der Künstler in Nürnberg die erste deutsche Malerakademie, die noch heute in der Kunstakademie fortlebt. Ein spezielles Interessengebiet hatte die Zeichnerin Maria Sibylla Merian, Tochter des Kupferstechers Matthäus Merian des Älteren. Auf Reisen in den niederländischen Kolonien war sie fasziniert von den Pflanzen und vor allem von den Insekten. Ihre Werke, die in der Exaktheit ihrer Zeichnungen unübertroffen sind, beschäftigten sich daher mit naturwissenschaftlichen Themen.

Träger des reichen Musiklebens waren die Organisten und Kantoren an den Kirchen. Leonhard Lechner an der Lorenzer Schule und Hans Leo Haßler als «Oberster Musicus» der Stadt leisteten um 1600 entscheidende Beiträge zur Entwicklung des mehrstimmigen deutschen Liedes. Haßlers Melodie zu *Mein Gmüt ist mir verwirret* wurde mit einem anderen Text berühmt. Als Weise von *O Haupt voll Blut und Wunden* kann sie seit Johann Sebastian Bachs *Matthäuspassion* als der Passionschoral schlechthin gelten. Der bekannteste Nürnberger Komponist war und blieb Johann Pachelbel (1653–1706), der nach jahrelanger Abwesenheit 1695 in seine Heimat zurückkehrte und Organist in St. Sebald wurde. Von ihm stammt ein breites Repertoire an Orgelmusik, sein bekanntestes und im Zeitalter der allgegenwärtigen Musikbeschallung am häufigsten gespieltes Stück dürfte der *Kanon* sein. Für die Entwicklung der Oper in Deutschland gab Johann Theophil Staden wichtige Impulse. Aus dem Jahr 1644 stammt *Seelewig*, die erste erhaltene deutsche Oper. Fünf Jahre später gab Staden mit seinen Musikern dem Friedensmahl seinen festlichen Rahmen.

a
pag. 170.
Pomo d'Adamo cedrato.
Im Scheuerlischen garten
an der Bucher-Straßen.

In der Literatur hatte Nürnberg im 17. Jahrhundert für die Dauer einiger Jahrzehnte einen hervorragenden Rang. Die Mitglieder der Dichtergesellschaft des Pegnesischen Blumenordens – Johann Klaj, Georg Philipp Harsdörffer oder Sigmund von Birken – standen mit ihrer deutschen Poesie in der Tradition von Martin Opitz. Er hatte mit seinem *Buch von der Deutschen Poeterey* 1624 eine neue Epoche deutscher Dichtung eingeläutet. Der Titel von Harsdörffers Lehrbuch *Poetischer Trichter, die teutsche Dicht- und Reimkunst ohne Behuf der lateinischen Sprache in VI Stunden einzugiessen* verselbständigte sich zum sprichwörtlichen «Nürnberger Trichter» als Lehrmethode, bei der dem Lernenden der Inhalt «eingetrichtert» wird, ohne daß er ihn zu begreifen hat.

Die letzten Jahre der Reichsstadt

Als bereits dunkle Wolken bedrohlich am Himmel der Reichsstadt aufgezogen waren und für die Zukunft nichts Gutes verhießen, da besuchten 1793 zwei aus Berlin stammende Erlanger Studenten, Ludwig Tieck und Heinrich Wackenroder, die Stadt. Sie entdeckten ihre «Altertümer» und sahen in ihnen die verklärte Zeit Dürers und Sachs' scheinbar unverfälscht vor sich. 1796 schrieb Wackenroder seine Eindrücke in den *Herzensergießungen eines kunstliebenden Klosterbruders* nieder: «Nürnberg! Du vormals weltberühmte Stadt! Wie gerne durchwanderte ich deine krummen Gassen ...» So entstand mitten in der politischen und wirtschaftlichen Agonie der Reichsstadt der romantische Nürnberg-Mythos, der seit dem 19. Jahrhundert ein bestimmendes Element der weiteren Entwicklung bleiben sollte und von dem die Tourismusbranche der Stadt bis heute zehrt. Wer aber damals die Zeichen der Zeit zu deuten wußte, mußte den traurigen Niedergang Nürnbergs konstatieren.

Der schon im 16. Jahrhundert einsetzende Rückgang der Nürnberger Handelsbeziehungen wurde nach dem Dreißigjährigen Krieg noch verstärkt. Dabei wirkte sich in der Folgezeit die neue Wirtschaftsform des Merkantilismus zusätzlich belastend aus. Die größeren Flächenstaaten versuchten möglichst autonom zu wirtschaften und Einfuhren zu vermeiden; auch die Nachbarterritorien wie Ansbach, Bamberg und Bayreuth verfolgten diese Strategie. Dort entstanden Manufakturen und Gewerbebetriebe, die moderne Gebrauchsgüter für gehobene Ansprüche fertigten, etwa in Ansbach Porzellan, in Erlangen Handschuhe, in Schwabach Gobelins. Nürnberger Produkte fanden hingegen immer schwerer externe Abnehmer. Zahlreiche Kriege in West- und Mitteleuropa taten ein übriges, um den Nürnberger Handel und damit auch das Handwerk an Bedeutung verlieren zu lassen. Dazu kam im Inneren eine Neuerungen abwehrende Handwerkspolitik des Rugamtes. Die Folge war eine wirtschaftliche Stagnation, die sich im Rückgang der Bevölkerungszahl ausdrückte, bis schließlich 1806 nur noch gut 25.000 Menschen in der Stadt lebten. Der Versuch einer Gegensteuerung durch die 1792 gegründete «Gesellschaft zur Beförderung der vaterländischen Industrie» war nicht so modern, wie der Name heute vermuten läßt. «Industrie» meinte noch den alten Wortsinn «Fleiß», so daß die Gesellschaft keine Wirtschaftspolitik, sondern Beschäftigungspolitik für Arme betrieb und Kredite für Kleingewerbe gewährte.

Die Belastungen aus den Kriegen des 17. und 18. Jahrhunderts hatten zu einer wachsenden städtischen Verschuldung geführt. Nun sank auch zusehends das Steueraufkommen in der Stadt infolge der wirtschaftlichen Stagnation, aber auch durch Steuerungerechtigkeit, denn Landgutsbesitzer wurden geringer besteuert als Kaufleute oder Handwerker, was bei letzteren Steuerhinterziehung begünstigte.

Doch nicht nur im Inneren war die Lage zunehmend instabil geworden, die Selbständigkeit der Stadt war auch von außen, und zwar von zwei Seiten bedroht. Bayern versuchte genauso wie Preußen, das seit 1792 im Besitz der fränkischen Markgraftümer war, sich Nürnberg einzuverleiben. Konnte Bayern die Stadt für sich gewinnen, war Preußens Expansion in Richtung Süden gestoppt – und umgekehrt. Seit 1790 bemühte sich der bayerische Kurfürst, die im Landshuter Erbfolgekrieg von Nürnberg eroberten Ämter zurückzugewinnen. Von Osten her rückte Bayern auf Nürnberger Gebiet vor, was zu weiteren Steuereinbußen führte. Preußen ging noch rigoroser vor: Geschlossene Territorien waren seit 1792 das Ziel, das der Minister Hardenberg durchzusetzen hatte. Nachdem der Rat einen Ausgleichsvertrag mit einer eindeutigen Grenzziehung abgelehnt hatte, okkupierte Preußen 1796 die von ihm beanspruchte Alte

Landschaft und rückte mit seinem Militär unmittelbar an die Nürnberger Stadtmauer heran. Damit standen nur noch die ummauerte Stadt, die von Bayern geschmälerten Ämter der Neuen Landschaft und Streubesitz im Bambergischen unter der Hoheit des Rates. Alle Proteste gegen dieses Vorgehen verhallten am kaiserlichen Hof ungehört.

Im Jahr 1796 galt es, einen weiteren Schlag zu verkraften. Französische Revolutionstruppen rückten im Sommer auf Nürnberg vor. Daraufhin wurden die seit 372 Jahren in der Stadt verwahrten Reichskleinodien in zwei geordneten Transporten nach Regensburg in Sicherheit gebracht, von dort gingen sie im Jahr 1800 nach Wien, wo sie heute in der Schatzkammer der Hofburg ausgestellt sind.

Am 5. August 1806 kam schließlich das Ende der politischen Selbständigkeit Nürnbergs. In der Rheinbundakte wurden die Stadt und ihr Landgebiet dem Königreich Bayern zugeschlagen, am Tag darauf erlosch das Heilige Römische Reich Deutscher Nation, als

Kaiser Franz II. die Krone niederlegte. 756 Jahre nach der ersten Erwähnung verschwand mit Kaiser und Reich die politische Ordnung, in die Nürnberg bislang eingebettet war. In den mehr als sieben Jahrhunderten erschien die Verbindung zum Kaisertum als die entscheidende Konstante im Leben der Stadt. Kaiserliche Privilegien hatten die Entwicklung vom Stützpunkt zur Metropole des späten Mittelalters entscheidend begünstigt. Der Ideenreichtum der Nürnberger sowie ihr Engagement in Handel und Handwerk bauten auf dieser Grundlage auf, so daß Johannes Regiomontanus Ende des 15. Jahrhunderts die Stadt mit einigem Recht als «gleichsam das Zentrum Europas» bezeichnete.

25 Alltägliches Leben am Tiergärtnertorplatz in einem Kupferstich von Johann Adam Delsenbach. Detailreich sind verschiedene Szenen festgehalten: Eine Kutsche fährt Richtung Tor; daneben treibt ein Mann ein Schwein durch die Gassen; ein Bettler erhält Almosen; aus dem Brunnen, an dem ein Hund gerade sein Bein hebt, wird Wasser geholt; Kinder spielen mit einem Ziegenbock. Kupferstich von Johann Adam Delsenbach aus dem 18. Jahrhundert.

Seit dem 16. Jahrhundert erlahmte das «Erfolgssystem» Nürnberg mehr und mehr. Politische Veränderungen wie der Bedeutungszuwachs der Flächenstaaten und die Verlagerungen im Handel durch die europäische Expansion nach Übersee beeinträchtigten als äußere Faktoren Nürnbergs Entwicklung. Die wenig aufgeschlossene Politik des Rates gegenüber Neuerungen tat ihr übriges. Der im Rückblick vielbeklagte Verlust der Selbständigkeit bot die Chance zu einem positiven Neuanfang, der mit der Industrialisierung durchaus an die alte Erfolgsgeschichte Nürnbergs anschließen konnte.

DER ADLER

III. Von der bayerischen Provinzstadt zur Industriemetropole – Nürnberg 1806 bis 1918

Hochverschuldet und erstarrt

«Auf dem Rathaus, in Kirche und Schule, im Handel und Wandel, überall stand das Leben still.» Mag der Chronist Georg Wolfgang Lochner auch überspitzt formuliert haben, so kennzeichnete er doch recht treffend die Situation Nürnbergs, wie sie die bayerische Verwaltung im Jahr 1806 vorfand. Schritt für Schritt beseitigten nun die königlich-bayerischen Beamten die reichsstädtische Selbstverwaltung und beendeten mit der Auflösung des Rates eine fünfhundert Jahre währende Oligarchie. Die ausführende Gewalt lag bis 1818 nahezu uneingeschränkt bei dem bayerischen Polizeidirektor Christian Wurm, der das gesamte Gemeindevermögen, alle öffentlichen Gebäude und Einrichtungen sowie den Lorenzer und den Sebalder Reichswald für Bayern vereinnahmte. Seine größten Anstrengungen galten der Sanierung der katastrophalen städtischen Finanzen. Eine 1810 eigens eingesetzte «Schulden-Tilgungs-Kommission» errechnete die horrende Verschuldungssumme von mehr als zwölf Millionen Gulden, zu deren Abtragung zahlreiche Kunstwerke, darunter auch der städtische Silberschatz, teils zum reinen Materialwert veräußert wurden.

Trotz einiger unbeliebter Maßnahmen wie zum Beispiel den verhaßten Einberufungen zur bayerischen Armee und der Einstellung von Zinszahlungen an die Gläubiger der verschuldeten Stadt, die dadurch nicht selten in existenzielle Not kamen, schien die Mehrheit der Bevölkerung der verlorenen Reichsfreiheit wenig nachzutrauern. Vor allem das Wirtschaftsbürgertum begrüßte die politischen Veränderungen, erhoffte es sich vom Aufgehen im bayerischen Flächenstaat doch einen ökonomischen Aufschwung. Die schlechte gesamtwirtschaftliche Lage schlug sich in der Lebenssituation der unteren Bevölkerungsgruppen besonders nieder: Einer dünnen Schicht reicher Wirtschaftsbürger stand die große Masse der Kleingewerbetreibenden gegenüber, die mit Ausnahme des Versorgungs-

gewerbes wie Bäcker und Metzger am Rande des Existenzminimums lebten.

Einige Maßnahmen führten schnell zu einer Veränderung des alltäglichen Straßenbildes. Die nach Berichten von Zeitgenossen unhaltbaren hygienischen Zustände versuchte die neue Verwaltung durch strenge Überwachung der Straßenreinigung abzuschaffen, Misthaufen an den Häusern hatten zu verschwinden, und der Straßen- und Hausbettel wurden verboten. Schließlich begann man, den Fischbach einzudecken, der noch als offener Graben durch die Breite Gasse und die spätere Karolinenstraße floß.

Merklich heller wurde die nächtliche Stadt mit dem Ausbau der Straßenbeleuchtung. Bis 1836 wurden immerhin 382 mit Rapsöl gespeiste Lampen in den Gassen der Altstadt angebracht. Neun Jahre später eröffnete der Stuttgarter Ingenieur Gaspard Dollfuß am Plärrer Bayerns erstes Gaswerk und beschied der Stadt damit die Ehre, «die erste in Bayern zu sein, der vorläufig auf ihren größeren und belebteren Straßen und Plätzen diese so sehr gewünschte bessere Beleuchtung zu Teil wird», so der Erste Bürgermeister in seiner Bekanntmachung. Jahrzehnte später sollte in Nürnberg der Elektropionier Sigmund Schuckert für die erste elektrische Straßenbeleuchtung Deutschlands sorgen.

26 Der in Hersbruck geborene Kaufmann, Kommunalpolitiker und Reformer Johannes Scharrer (1785–1844) gilt als einer der großen Söhne Nürnbergs. Als Marktadjunkt und Zweiter Bürgermeister war er einer der engagierten Förderer der ersten deutschen Eisenbahn. Eine Nürnberger Hauptschule und das städtische Wirtschaftsgymnasium tragen seinen Namen und ehren damit seine Leistungen auf sozial-, wirtschafts- und schulpolitischem Gebiet. Gemälde von Carl Fleischmann 1885.

Der politische Umgestaltungsprozeß fand im Jahr 1818 mit dem Erlaß der Bayerischen Verfassung durch König Max I. Joseph und dem gleichzeitigen Inkrafttreten der neuen Gemeindeordnung seinen Abschluß. Diese sicherte den Kommunen weitgehende Selbstverwaltung in einem Zweikammersystem zu. Beide Gremien, das 36-köpfige Kollegium der Gemeindebevollmächtigten und der aus neunzehn Mitgliedern bestehende Magistrat, repräsentierten jedoch nur einen kleinen Ausschnitt der Stadtbevölkerung, da sowohl das aktive als auch das passive Wahlrecht wenigen tausend eingetrage-

27 Blick auf das von Alexander von Heideloff im neogotischen Stil umgebaute Schloß auf dem nach seinem Besitzer benannten Platnersberg, um 1838. Sechzig Jahre später wurde die Anlage als altmodisch empfunden und abgerissen. Aquarell von Georg Christoph Wilder um 1838.

nen männlichen Gemeindebürgern vorbehalten waren. Grund- und Hausbesitz oder die Ausübung eines steuerpflichtigen Gewerbes galten als Voraussetzung.

Eine neue soziale Schicht leitete nun die Geschicke der Stadt. Akademiker und Unternehmer wie der promovierte Jurist Jakob Friedrich Binder, der das Amt des Ersten Bürgermeisters 32 Jahre lang von 1821 bis 1853 ausübte, und der Kaufmann und Zweite Bürgermeister Johannes Scharrer stellten die Weichen für eine Lösung der ökonomischen und sozialen Probleme Nürnbergs.

Zahlreiche Altnürnberger Bauwerke, deren baufälliger Zustand Zeitgenossen wiederholt Anlaß zur Klage gegeben hatte, wurden denkmalpflegerischen Maßnahmen unterzogen. Den Anstoß dazu gaben die Verklärung der Gotik als «vaterländische Kunst» durch die nun entstehenden nationalen Einigungsbewegungen und die neue Wertschätzung der «Nürnberger Alterthümer» im Zuge der Romantik. Finanziell unterstützt vom bayerischen König konnte zu Beginn der 1820er Jahre der Schöne Brunnen als erstes gotisches Monument restauriert werden.

Das Idealbild der mittelalterlichen Stadt, das Nürnberg damals für viele verkörperte, veranlaßte den aus Stuttgart stammenden Architekten Carl Alexander von Heideloff, sich in Franken niederzulassen. Er versuchte mit den Restaurierungen zahlreicher Sakralbauten und öffentlicher Gebäude der Stadt ihr mittelalterlich-gotisches Gepräge zurückzugeben, zeigte sich dabei der historischen Bausubstanz anderer Epochen gegenüber jedoch wenig sensibel. So orientierte sich die Erneuerung der Sebalduskirche am Ideal eines stilreinen gotischen Raumes, das sich unter anderem in der Entfernung des barocken Hochaltares äußerte. Viele reiche Bürger engagierten den Stararchitekten, wie zum Beispiel der Großkaufmann und Marktvorsteher Georg Zacharias Platner, der seinen Landsitz auf dem später nach ihm benannten Platnersberg in ein neugotisches Phantasieschloß umgestalten ließ.

An der Schwelle zum Industriezeitalter

Das gewerbliche Bild der Stadt bestimmten nach wie vor die Meisterwerkstätten mit wenigen Gesellen oder Lehrlingen. Sie produzierten Spiel-, Metall- und Messingwaren, Tuche, Spiegel sowie Tabakerzeugnisse. Viele dieser Betriebe drängten sich innerhalb der Stadtmauern in einem engen Nebeneinander von Arbeiten und Wohnen, was oftmals zu katastrophalen Lebensbedingungen führte. Als einer von wenigen größeren Betrieben vor den Toren der Stadt produzierte die Ultramarinfabrik von Johannes Zeltner von 1838 an im Vorort Steinbühl synthetische Farbstoffe im großen Stil. Die Absatzmärkte der wegen ihrer hohen Qualität weltweit bekannten Produkte reichten bis Südamerika und Afrika.

Der Aufbruch ins Industriezeitalter begann für Nürnberg mit einem Ereignis, das im Jahr 1835 die Zeitungsspalten in ganz Deutschland füllte. In Anwesenheit einer riesigen Menschenmenge passierte Deutschlands erste Eisenbahn, der Adler, am 7. Dezember

28 Das Gemälde entstand anläßlich des hundertjährigen Eisenbahnjubiläums im Jahr 1935. Mit erschreckt zurückweichenden Menschen und scheuenden Pferden nimmt es viele der klischeehaften Vorstellungen von der Einführung des neuen Verkehrsmittels auf. Gemälde von Bruno Goldschmitt und Erich Schilling 1935.

jenes Jahres mit seinem englischen Lokomotivführer William Wilson die sechs Kilometer lange Chaussee – die heutige Fürther Straße – zwischen dem Nürnberger Ludwigsbahnhof am Plärrer und der Fürther Freiheit, die bereits 1801 unter dem preußischen Minister Hardenberg angelegt worden war. Das neue Verkehrsmittel war auf Initiative von Johannes Scharrer und Georg Zacharias Platner mit äußerster Beharrlichkeit über Jahre hinweg verfolgt und schließlich über die neue Unternehmensform der Aktiengesellschaft finanziert worden. Wenngleich die Ludwigsbahn eine Lokalbahn zwischen den beiden Städten Nürnberg und Fürth blieb und nicht den Beginn eines Streckennetzes bildete, waren die Auswirkungen dieser epochalen Errungenschaft enorm. Auf Jahre hinaus blieb die «Mustereisenbahn» das Modell, an dem eine ganze Generation von Technikern und Ingenieuren praktische Erfahrungen sammeln konnte. Das Bürgertum hatte bewiesen, daß es in der Lage war, auch ohne Mitwirkung des Staates große Unternehmungen zu verwirklichen.

In den vierziger Jahren begründete der Fabrikant Johann Friedrich Klett sein Gesuch auf Errichtung einer Maschinenfabrik mit Eisengießerei im Stadtteil Wöhrd mit «einem längst gefühlten Mangel auf dem hiesigen Fabrik- und Gewerbeplatz an Maschinen ... namentlich aber auch für die bereits bestehenden und noch in das Leben gerufen werdenden Eisenbahnen». Er sollte recht behalten. Innerhalb weniger Jahre vollzog sich der Aufbau eines umfassenden Eisenbahnnetzes. Bis 1877 wurden sieben Hauptbahnstrecken errichtet, die sich alle in Nürnberg trafen, darunter die Nord-Süd-Bahn von Lindau bis an die sächsische Grenze. Gerade diese Verbindung war für Nürnberg sehr wichtig, denn aus den sächsischen Kohlegebieten kamen große Mengen des Rohstoffes nach Franken. Nürnbergs Absatzgebiete erweiterten sich, neue Märkte konnten erschlossen werden, und der Bedarf an Maschinen und Baumaterialien führte zur Gründung zahlreicher Zulieferbetriebe. Die am Dutzendteich gelegene mechanische Werkstätte von Wilhelm Späth produzierte Maschinenbauteile und Spezialmaschinen, die Maschinenfabrik Cramer-Klett, die Keimzelle der heutigen MAN, sah im Jahr 1855 ihre Auftragsbücher mit Bestellungen über mehr als tausend Eisenbahnwaggons gefüllt. Zwei Jahre später war die Maschinenfabrik Klett & Co., die erstmals in Nürnberg die Nutzung der Dampfkraft im großen Stil eingeführt hatte, mit einer Belegschaft von etwa 2.300 Arbeitern größter Arbeitgeber in der Stadt.

Der Bau des ersten Nürnberger Hauptbahnhofes im Jahr 1847, der nicht wie ursprünglich geplant vor dem Neutor, sondern im Süden der Altstadt vor dem Frauentor errichtet wurde, führte zu einer Verlagerung des innerstädtischen Zentrums von der Sebalder zur Lorenzer Stadtseite und gab als entscheidende Ausdehnungsrichtung der Stadtentwicklung den Süden vor. Gleichzeitig wurde die zum Bahnhof führende Königstraße nach und nach zur prominentesten Hotel- und Geschäftsstraße. Als einer der ersten hatte

Johann Baptist Zetlmeier die Bedeutung der Königstraße als Tor zur Stadt erkannt. Er kaufte drei alte Häuser an der Mauthalle, errichtete dort das Hotel Monopol und wenige Jahre später das berühmte Hotel Kaiserhof mit seiner noch erhaltenen prächtigen Fassade im Stil der Neorenaissance.

Die Revolution von 1848

Die politischen Turbulenzen des Vormärz und der Revolution von 1848 erfaßten auch die Nürnberger Einwohnerschaft. Wie in anderen Städten vermischten sich hier mehrere Proteströmungen, allerdings ohne politische Massenbasis. Die Teuerungs- und Hungerkrise der Jahre 1847/48, die Nürnberg besonders hart getroffen hatte, führte zu Unruhen mit sozialrevolutionären Tönen; zu Spannungen zwischen Franken und München sowie separatistischen Kundgebungen kam es, als die bayerische Regierung die Reichsverfassung ablehnte. Auf einer Versammlung mit etwa 15.000 Teilnehmern auf dem Judenbühl, dem heutigen Stadtpark, bejubelte die Menge die dort verkündeten Forderungen nach einer Loslösung von Bayern.

Zu den zentralen Akteuren der Revolutionsbewegung in Nürnberg zählte der von der Bürgerversammlung ins Frankfurter Vorparlament entsandte Arzt Johann Gottfried Eisenmann, der wegen seiner politischen Agitation lange Jahre inhaftiert gewesen war. Liberale Thesen wurden vor allem in den nun entstehenden politischen Clubs und Vereinen diskutiert und verbreitet. Im April 1848 gründete Gustav Diezel mit seinem Politischen Verein eine erste parteiähnliche Gruppierung, die sich zur Diskussion im Gasthaus König Otto in der Winklerstraße traf. Mit dem Scheitern der Revolution ergriff die bayerische Regierung Maßnahmen gegen die politisch verdächtigen Vereine und ließ eine ganze Reihe ihrer Vorstände verhaften. Wenig später wurden die meisten politischen Vereine «als den Gesetzen des Landes zuwiderlaufend» verboten. 1859 trat das Bürgertum jedoch mit einem neugegründetenVerein wieder an die Öffentlichkeit. Der Bürgerverein, der von der Polizei als demokratische Partei bezeichnet wurde und 1863 in der Fortschrittspartei aufging, errang ein Jahr später bei den Wahlen zum Gemeindekollegium einen klaren Sieg.

Dürerkult und Sängerfest – Kulturelles Leben bis 1871

Ein Höhepunkt der von der Romantik inspirierten Feste waren die Feierlichkeiten zum 300. Todestag Albrecht Dürers im Jahr 1828. Etwa zweihundert Künstler versammelten sich am Ostermorgen am Grab des Meisters auf dem Johannisfriedhof zu einer Gedenkstunde und am Abend zu einer Feier im großen Rathaussaal und beschworen mit diesem «Wartburgfest der erneuerten deutschen Kunst» die Einheit der deutschen Künstlerschaft. König Ludwig I. förderte das Unternehmen mit der Grundsteinlegung des Dürerdenkmals am gleichnamigen Platz, mit dessen Umsetzung der Nürnberger Erzgießer Daniel Burgschmiet beauftragt wurde. Bereits zwei Jahre zuvor hatte die Stadt das Wohnhaus Dürers am Tiergärtnertorplatz angekauft und einen Dürergedenkraum von Carl Alexander von Heideloff einrichten lassen.

Ein Kind der Romantik ist auch das Germanische Nationalmuseum, das im Jahr 1853 als eine «dem gesamten Volk gewidmete Stiftung» im Tiergärtnertorturm eröffnet wurde. Der fränkische Adelige Hans Freiherr von und zu Aufseß war schon 1832 mit den Ergebnissen seiner dreißigjährigen Sammlertätigkeit, einer umfangreichen Bibliothek und einer Kunst- und Raritätenkammer nach Nürnberg übergesiedelt und hatte nach einer Aufforderung des bayerischen Königs versucht, die «deutschen Alterthümer» in einem würdigen Rahmen öffentlich auszustellen. Von Zeitgenossen wie Wilhelm Grimm als «alberne Idee eines Sonderlings» abgetan, sollten noch zwanzig Jahre vergehen, bis Aufseß seinen Plan auf dem Kongreß der deutschen Geschichts- und Altertumsforscher durchsetzen konnte. 1857 zog der inzwischen zum Direktor des Germanischen Nationalmuseums ernannte Adelige mit seiner Sammlung in die Gebäude des einstigen Kartäuserklosters um, das noch heute den Kern des Museums bildet. Den Ankauf hatte König Ludwig I. mit 5.000 Gulden finanziert. Seinem Nachfolger, dem Architekten August Essenwein, der das Museum in einer finanziell desolaten Situation übernahm, gelang es, das Nürnberger Museum zu einer der bedeutendsten Sammlungen Deutschlands auszubauen.

Zwanzig Jahre nach der Eröffnung des Germanischen Nationalmuseums konnte dank der finanziellen Unterstützung der Industriel-

29 Hans von und zu Aufseß, der Gründer des Germanischen Nationalmuseums präsentiert sich mit Teilen seiner Sammlung: einem Reiterharnisch im Stil des 16. Jahrhunderts und einer Armbrust. Fotografie von Johann Jakob Eberhardt 1864.

len Theodor Cramer-Klett und Lothar von Faber das Gewerbemuseum eingeweiht werden, das sich auf die Präsentation künstlerisch gestalteter Gebrauchsgegenstände spezialisierte und dem Handwerk Vorbilder liefern sollte. Die Initiative dazu war vom städtischen Gewerbskommissär Johann Caspar Beeg ausgegangen, der «auf diese Art und Weise gewiß manche technologischen Kenntnisse in der einfachsten und leichtesten Weise» beim Publikum verbreiten und das Museum damit nach dem Vorbild ähnlicher Einrichtungen in

London, Paris und Wien «zu einem Ort interessanten Studiums» machen wollte. Ausstellungsräume fand das Museum im oberen Stockwerk des Fleischhauses, bis es das Gebäude des ehemaligen Café Noris an der Königstraße für seine Zwecke umbauen konnte.

Das Theater hatte in Nürnberg, anders als die benachbarten Hof- und Residenztheater, schon immer ein schwieriges Dasein geführt. Von einem Gastwirt gegründet und im Pachtsystem geführt, erreichte das Nürnberger Nationaltheater am Lorenzer Platz zwar ein künstlerisch hohes Niveau, durch das Fehlen jeglicher öffentlicher Subventionen war es jedoch stets vom Ruin bedroht. Die Situation besserte sich kaum, als im Jahr 1833 der Neubau des Stadttheaters eingeweiht wurde. Allein in den ersten siebzehn Jahren seines Bestehens sollte es neun Direktoren mit stets wechselnden Spielplänen erleben. Ein ausverkauftes Haus sah man selten, einzig Nestroys *Lumpazivagabundus* lockte die Zuschauer scharenweise an. Erst sechs Jahre nach der Münchener Uraufführung 1868 zeigten sich die Nürnberger interessiert an Richard Wagners Oper *Die Meistersinger von Nürnberg*. Die Originalpartitur allerdings fand ihre Heimat im Germanischen Nationalmuseum.

Sensationsgier, aber auch Mitgefühl erfaßte alle Bevölkerungsschichten, als am Pfingstmontag des Jahres 1828 ein geheimnisvoller Fremder in völlig verwahrlostem Zustand am Unschlittplatz auftauchte. Außer seinem gestammelten Namen Kaspar Hauser und einem stets wiederholten Satz brachte der etwa sechzehnjährige Junge kein Wort hervor und war auch sonst mit keinerlei zivilisierten Umgangsformen vertraut. Nach einer kurzen Verwahrung im Luginsland nahmen sich Pflegeväter seiner an, der Jurist Anselm Feuerbach forschte nach der Herkunft des Unbekannten, und Mutmaßungen und Legenden begannen zu wuchern. Er wurde zum Gegenstand wissenschaftlicher Untersuchungen und zum Mittelpunkt dynastischer Streitereien. Hartnäckig hielt sich die Behauptung, daß das badische Herzogshaus mit seiner Einkerkerung einen unerwünschten Thronfolger habe beseitigen wollen. Das Interesse an dem Jungen kühlte jedoch rasch ab, als die Betrügertheorie die Oberhand gewann. Zurück blieb ein unglücklicher Mensch, der stets menschliche Nähe gesucht, aber nur Neugierde und Argwohn erfahren hatte. So ist bis heute ungeklärt, ob sein tragischer Tod im

Jahr 1833 auf einen Selbstmordversuch oder ein Attentat im Ansbacher Hofgarten zurückzuführen ist.

Ludwig Feuerbach, als Theologie- und Religionskritiker einer der einflußreichsten Denker seiner Zeit, verbrachte ab 1860 die letzten zwölf Jahre seines Lebens in Nürnberg. Anerkennung durch die Stadt und ihre Bürger wurde ihm erst nach seinem Tod zuteil. Seine Beerdigung im Jahr 1871 wurde zu einer eindrucksvollen Demonstration der Nürnberger Arbeiterschaft, da Feuerbach seit 1869 Mitglied der SPD war. Über sechstausend Menschen erwiesen ihm auf dem Johannisfriedhof die letzte Ehre, einer offziellen Abordnung der Stadt gelang es nicht einmal, bis zu seinem Grab vorzudringen. Sein Grabmal stiftete Theodor Cramer-Klett, eine Straße im Stadtteil Rennweg wurde nach Ludwig Feuerbach benannt.

Im Juli des Jahres 1861 fand in Nürnberg ein Ereignis statt, das weit über die Grenzen der Stadt hinauswirkte: In einer auf dem Maxfeld eigens zu diesem Anlaß errichteten Halle trafen sich etwa 5.300 Sänger und mehr als 14.000 Zuschauer zum Ersten Deutschen Sängerfest. Noch heute erinnert im Stadtpark eine von Friedrich Wanderer entworfene Gedenkvase an dieses Ereignis.

Das Wachstum der Stadt bis 1871

Fünf Jahre später riß der deutsch-deutsche Krieg auch Nürnberg und Franken in seinen Strudel. Nach der Schlacht bei Königgrätz rückte die preußische Mainarmee in Bayern ein. Für Nürnberg begann eine sechswöchige Besatzungsherrschaft, die wegen der Unterbrechung des Eisenbahnverkehrs und umfangreicher Einquartierungen die Stadt wirtschaftlich stark schädigte. Nach den Erinnerungen des Ersten Bürgermeisters Maximilian Waechter, der dieses Amt von 1854 bis 1867 innehatte, wurden sogar Arbeitsbeschaffungsmaßnahmen wie eine Vertiefung des Dutzendteiches und der Bau neuer Straßen durchgeführt, um die kriegsbedingte Arbeitslosigkeit zu lindern. Am 22. August erfolgte der Friedensschluß, und die bayerische Garnison zog anstelle der preußischen wieder in Nürnberg ein. König Ludwig II. erfüllte schließlich die Forderung des preußischen Königs, der als Hohenzoller einen Besitzanspruch auf die Nürnberger Burg anmeldete; 1867 wehte anläßlich eines Besuches der preußischen Königsfamilie die schwarzweiße Fahne der Hohenzollern neben der blauweißen Fahne. Ende des Jahres 1866 hatte Ludwig II. der Stadt bereits einen eingehenden Besuch gewidmet, um sich ihrer Königstreue zu versichern.

Trotz einiger Rückschläge in den Jahren 1857 und 1873 setzte nun eine kontinuierliche wirtschaftliche Aufwärtsentwicklung ein. Handwerk und Industrie verzeichneten steigende Produktionszahlen, die Beschäftigtenzahl wuchs. Das dazu parallel verlaufende, starke Bevölkerungswachstum und die desolaten Zustände in Nürnbergs Spitälern machten den Bau eines Krankenhauses notwendig, der im Jahr 1845 mit dem allgemeinen Krankenhaus an der Sandstraße, an der Stelle des heutigen Opernhauses, verwirklicht wurde. Die von dem städtischen Baurat Solger errichtete Anstalt mit knapp 270 Betten war das erste städtische Gebäude vor den Mauern der Stadt und das teuerste kommunale Bauprojekt seit Beginn des Jahrhunderts.

Im Jahr 1850 hatten Magistrat und bayerisches Innenministerium mit dem Hopfengroßhändler Joseph Kohn aus dem fränkischen Markt Erlbach erstmals seit 1499 wieder einem Juden erlaubt, sich in der Stadt niederzulassen. Die Entscheidung fiel denkbar knapp mit einer Stimme Mehrheit. Dennoch leitete sie eine bemerkenswerte Entwicklung ein. Viele jüdische Familien und Geschäftsleute aus Landgemeinden folgten Kohns Beispiel, so daß die jüdische Gemeinde im Jahr 1871 bereits wieder 1.800 Mitglieder umfaßte, was etwa zwei Prozent der Stadtbevölkerung entsprach.

Die Industriemetropole

Als letzter deutscher Staat führte Bayern 1868 die Gewerbefreiheit ein. Er beseitigte damit das Zunftwesen sowie die hemmenden Gewerbemonopole und löste die Gewerbevereine und Innungen auf. In Nürnberg führten jedoch die Jahre nach der Gründung des Deutschen Reiches 1871 nicht zu einer nennenswerten Expansion der Industrie. Diese setzte erst mit Beginn der achtziger Jahre ein. Motor war die Maschinenbau- und Elektroindustrie, wobei sich die meisten Großunternehmen aus Handwerksbetrieben entwickelten. Beispielhaft ist hier der Aufstieg Sigmund Schuckerts (1846–1895)

30 Der Nürnberger Hopfenmarkt an der Mauthalle hatte zwischen 1880 und 1895 seine Blütezeit. Seit der Jahrhundertwende verlor Nürnberg hier nach und nach seine weltweit führende Rolle. Holzstich nach einer Originalskizze von Friedrich Drescher um 1880.

vom Handwerker zum Pionier der deutschen Elektroindustrie. Seine Firma wuchs aus kleinsten Anfängen einer mechanischen Werkstatt in der Schwabenmühle zum Weltunternehmen, das 1890 ein neues weitläufiges Betriebsgelände an der Landgrabenstraße im Industriestadtteil Steinbühl bezog. Schuckert entwickelte und fertigte elektrodynamische Maschinen, erprobte erstmals die elektrische Beleuchtung in Nürnberg und konstruierte im Rahmen der systematischen Elektrifizierung deutscher Städte zwischen 1890 und 1900 insgesamt 120 Kraftwerkszentralen, darunter 1896 auch das Nürnberger Kraftwerk. Nach der Fusion von «Schuckert» mit Siemens-Halske zur Siemens-Schuckertwerke GmbH 1903 expandierte der Nürnberger Betrieb bis zum Ersten Weltkrieg zum damals größten bayerischen Unternehmen, in dem 1912 etwa 12.000 Menschen beschäftigt waren.

Für die Maschinenfabrik Cramer-Klett, lange Zeit das größte Nürnberger Industrieunternehmen, verlief die Entwicklung nicht so geradlinig. Zwar war das Geschäftsjahr 1872/73 mit einem Umsatz von fünfzehn Millionen Mark allein in der Produktion von Eisenbahnwaggons und insgesamt 3.300 Beschäftigten das bisher erfolgreichste der Firmengeschichte, doch führte die Gründerkrise in den Jahren nach 1873 zu drastischen Umsatzrückgängen und starkem Personalabbau. Als Theodor Cramer-Klett 1884 starb, war der Betrieb aufgrund mangelnder Investitionen in vielerlei Hinsicht veraltet. Nachfolger Cramer-Kletts als Leiter der Maschinenbau AG wurde der als erfolgreicher Sanierer ausgewiesene Ingenieur Anton Rieppel. Er leitete die Verlegung des Betriebes aus Wöhrd in den Nürnberger Süden in die Nähe des geplanten Rangierbahnhofes ein, die 1901 abgeschlossen war. Rieppel sind auch viele soziale Einrichtungen wie die Betriebskrankenkasse, die Pensionskasse und der Werkswohnungsbau zu verdanken. Bereits 1898 erfolgte die Fusion mit der Maschinenfabrik Augsburg zur MAN, die am Vorabend des Ersten Weltkrieges in Nürnberg etwa 4.500 Menschen beschäftigte.

Im Bereich des metallverarbeitenden Gewerbes mit knapp 19.000 Beschäftigten im Jahr 1907 waren vor allem die Leonische

Drahtindustrie, die europaweit führende Reißzeugfabrik Georg Schoenner und das Eisenwalzwerk Julius Tafel & Co. im Stadtteil St. Jobst von Bedeutung. Heute ist in den noch erhaltenen Gebäuden des Tafelwerkes das Museum Industriekultur untergebracht.

Zwei das Nürnberg-Bild bis heute prägende Industriezweige sind die Spielwaren- und Bleistiftherstellung. Die Nürnberger Spielwarenindustrie war im Kaiserreich mit Firmen wie Schuco oder Trix auf dem Weltmarkt führend und verdankte dies vor allem dem rasanten Aufschwung der Metallspielwarenproduktion seit den siebziger Jahren. Ein großer Teil der Produkte wurde in Klein- und Kleinstbetrieben oder Heimarbeit gefertigt. Die Bleistiftindustrie, darunter bekannte Firmen wie Faber, Lyra, Schwan oder Staedtler, produzierte in Nürnberg und Umgebung in 23 Fabriken mit etwa 10.000 Beschäftigten. Kaum bekannt ist heute noch, daß Nürnberg bis 1880 eine der führenden Bierexportstädte Bayerns war und etwa 30 Nürnberger Pinselfabriken bis zum Ersten Weltkrieg den Weltmarkt beherrschten.

Stadtwachstum und Wohnverhältnisse

Die Entwicklung Nürnbergs zu der Industriemetropole Bayerns veränderte das Gesicht der Stadt bis zur Jahrhundertwende grundlegend. Seit den siebziger Jahren waren in Nürnberg erstmals mehr Arbeiter in Fabriken als Gesellen im Handwerk beschäftigt. Anfang des 20. Jahrhunderts betrug der Anteil der Industriearbeiter bereits drei Viertel aller Erwerbstätigen.

Während Nürnberg 1875 gerade einmal 90.000 Einwohner zählte, lebten im Jahr 1900 bereits 260.000 Menschen in der nun neuntgrößten Stadt des Deutschen Reiches. Die jährliche Zuwanderung von Arbeitssuchenden aus Mittelfranken und den angrenzenden Gebieten lag bei zehn Prozent der Gesamtbevölkerung, wobei die Fluktuation ungeheuer hoch war.

Die konfessionellen Verhältnisse zwischen evangelischen und katholischen Christen in Nürnberg verschoben sich durch die Zuwanderung weiter zugunsten der Katholiken. 1910 waren bereits über

100.000 Nürnberger, das heißt knapp ein Drittel der Bevölkerung, Katholiken. In den Vorstädten entstanden neue Pfarreien und repräsentative neue Kirchen beider Konfessionen. Der erste große katholische Kirchenneubau entstand mit der 1906 eingeweihten neugotischen Herz-Jesu-Kirche in der Südstadt. Von den ersten evangelischen Kirchenneubauten sind vor allem die Christuskirche von 1894 und die Peterskirche von 1901 erwähnenswert, beide ebenfalls in neugotischem Stil gehalten.

31 Arbeiterinnen und Arbeiter der Siemens-Schuckert-Werke an der Landgrabenstraße montieren Elektromotoren. Fotografie 1915.

Ein drängendes Problem in den letzten Jahrzehnten des 19. Jahrhunderts war die Schaffung von Wohnraum. Nachdem die Stadtverwaltung ab 1857 als erste planmäßige Stadterweiterung die Marienvorstadt projektiert hatte, schufen die Eingemeindungen von 1865 weitere Abhilfe. Ab Anfang der siebziger Jahre entstanden rund um den Mauerring neue Stadtviertel, die alte Dorfkerne überlagerten. Die Stadt erwarb hierbei bedeutende Flächen für eigene Zwecke, zum Beispiel, um bei der Anlage von Straßen freie Hand zu haben. Während in der Altstadt dichtgedrängt, unter zum Teil katastrophalen Wohnverhältnissen, 54.000 Menschen lebten, zählte Gostenhof bereits 11.000 Bewohner, gefolgt von den Stadtteilen Gärten bei Wöhrd, Steinbühl und St. Peter mit je etwa 5.000 Einwohnern. «Bauspekulanten» ließen in den Vorstädten vor allem Mietshäuser mit Wohnungen für Arbeiterfamilien errichten, meist bestehend aus zwei Zimmern, einer Kammer und Küche; bei Baugrundstücken mit entsprechender Tiefe gab es im dazugehörigen Hinterhaus kleinere Wohnungen mit einem Zimmer weniger. Besonders schlecht war es um die Altbauten bestellt: Nach einer in den neunziger Jahren durchgeführten Untersuchung der Wohnverhältnisse waren von über 600 untersuchten Wohnungen «fast die Hälfte schlecht, der vierte Teil unzulässig.» Die trotz aller Neubauten herrschende Wohnungsnot führte zu ständig steigenden Mieten. Lediglich einige Wohnungsbaugenossenschaften versuchten Abhilfe zu schaffen. Der 1896 gegründete Bauverein (Siemens-) Schuckertscher Arbeiter errichtete in unmittelbarer Nähe der Fabrik in Steinbühl einhundert Häuser mit fast 800 Wohnungen. 1908 erfolgte die Gründung einer Gartenstadt. Wie bei der im gleichen Jahr gegrün-

32 Der Fotograf Ferdinand Schmidt hielt den Blick vom Spittlertorturm auf den Plärrer und die Vorstadt Gostenhof im Abstand von vierzig Jahren zweimal fest (32, 33); 1865 ist der Plärrer noch ein verschlafener Platz mit neuangepflanzten Bäumen. In der Bildmitte ist der Ludwigsbahnhof und davon ausgehend die Fürther Straße zu erkennen, links die Rothenburger Straße mit Rochusfriedhof und -kapelle.

deten ersten deutschen Gartenstadt Dresden-Hellerau war auch hier der Architekt Richard Riemerschmidt beteiligt. Weitere Gartenstädte, alle im industriereichen Süden der Stadt gelegen, folgten. 1907 bis 1914 wurde die Wohnungskolonie Rangierbahnhof als staatsbahneigene Siedlung für die Beschäftigten des 1903 erbauten Rangierbahnhofs errichtet. 1910 erfolgte auf Initiative des MAN-Generaldirektors Anton Rieppel die Gründung der Baugesellschaft Werderau, benannt nach dem früheren Firmendirektor Ludwig Werder. Der Bauverein (Siemens-) Schuckertscher Arbeiter zog bis 1915 durch den Bau der Birkenwaldsiedlung an der Frankenstraße mit einer Siedlung im Gartenstadtcharakter nach. In all diesen Modellsiedlungen fand jedoch nur ein kleiner Teil der Wohnungssuchenden eine vorbildliche neue Wohnung.

Die Lebensbedingungen der Masse der Bevölkerung wurden dagegen nicht nur durch die schlechten Wohn- und Lebensverhältnisse,

sondern auch durch Krankheiten beeinträchtigt, wobei sich zum Beispiel ein direkter Zusammenhang zwischen der Wohndichte und der Häufigkeit von Tuberkuloseerkrankungen nachweisen ließ. Nürnberg galt daher als Tbc-Hochburg. Hilfe boten vor allem Privatinitiativen. So errichtete der Heilstättenverein Nürnberg im Zuge der seit Mitte der neunziger Jahre einsetzenden reichsweiten Heilstättenbewegung die Lungenheilstätte Engelthal, und der Verein zur Bekämpfung der Tuberkulose eröffnete eine Fürsorgestelle, in der sich besonders der Arzt Alexander Frankenburger engagierte.

33 1905 sind die kleinen Vorstadthäuser verschwunden und durch bis zum Horizont reichende mehrstöckige Mietshäuser und Fabriken ersetzt. Vor dem Ludwigsbahnhof das 1890 errichtete Eisenbahndenkmal, dahinter der Gaskessel des städtischen Gaswerks. Fotografien 1865 und 1905.

Politische Spielregeln

Die restriktiven Sozialgesetze beschränkten die Chancen der Arbeiterbevölkerung. So verlangte die Bürokratie bis 1868 von einem Arbeiter, der sich in Nürnberg niederlassen und heiraten wollte, eine Vielzahl von Nachweisen und Anträgen, von denen die Stadtverwaltung noch in den sechziger Jahren etwa ein Drittel ablehnte. Grundsätzliches änderte sich erst mit der Ehefreiheit, die in Bayern

1868 eingeführt wurde. Nach wie vor konnten Gemeinden für die Erteilung der «selbständigen Heimat» jedoch eine Gebühr verlangen, die in Nürnberg etwa einen Monatslohn betrug. Diese Heimatgebühr war vor der Eheschließung zu entrichten und stellte einen bedeutenden Teil der städtischen Einnahmen dar. Insgesamt führten diese Bestimmungen in Bayern zu sehr hohen Raten von unehelich geborenen Kindern, in Nürnberg lagen die Zahlen in den letzten Jahrzehnten des 19. Jahrhunderts zwischen sechzehn und 30 Prozent.

Das für die Beteiligung an politischen Wahlen notwendige Bürgerrecht konnte nur mit der Zahlung einer weiteren, noch höheren Gebühr erworben werden. Die Geschicke der Stadt wurden daher bis Anfang des 20. Jahrhunderts nur von wenigen tausend Männern bestimmt. So waren bei der Gemeindewahl 1887 knapp 5.600 Männer wahlberechtigt, deren Wahlbeteiligung nicht einmal 50 Prozent erreichte.

Frauen war bis 1908 jegliche politische Betätigung in Vereinen und Parteien verboten. Seit den neunziger Jahren gründeten sich auch in Nürnberg Sektionen der bürgerlichen und proletarischen Frauenbewegung, die sich gesellschaftlich engagierten und für mehr Rechte und insbesondere das Wahlrecht eintraten. 1893 entstand der Verein Frauenwohl, dessen Vorsitz Helene von Forster übernahm. Der bald etwa 2.000 Mitglieder zählende Verein organisierte Abendkurse und betrieb später eigene Schulen, in denen Frauen Fremdsprachen oder hauswirtschaftliche Tätigkeiten erlernen konnten. Seit 1898 unterhielt der Verein in St. Johannis neben dem neuerbauten städtischen Krankenhaus ein Wöchnerinnenheim, das vor allem Arbeiterfrauen die Möglichkeit bot, ihre Kinder mit Pflege und ärztlicher Betreuung auf die Welt zu bringen. Es war die erste derartige Einrichtung in Bayern. Helene von Forster war seit der bürgerlichen Gleichberechtigung der Frauen ab 1919 als Stadträtin für die Deutsche Demokratische Partei aktiv.

Für Männer gab es seit 1871 das allgemeine, geheime, gleiche und direkte Wahlrecht zum deutschen Reichstag. So gelang es Karl Grillenberger 1881 nach einer Stichwahl, das Nürnberger Reichstagsmandat erstmals für die Sozialdemokraten zu gewinnen, wobei er seinen Stimmenanteil später deutlich ausbauen konnte; die Sozialdemokratie behielt das Nürnberger Reichstagsmandat bis 1933.

34 Helene von Forster war die wichtigste Vertreterin der bürgerlichen Frauenbewegung in Nürnberg. Die Fabrikantentochter erfuhr eine zeittypische Erziehung als «höhere Tochter» und heiratete standesgemäß einen Arzt. Seit Beginn der neunziger Jahre engagierte sie sich in Nürnberg und auf Reichsebene für die Ideale und Ziele der gemäßigten bürgerlichen Frauenbewegung. Fotografie um 1900.

Bereits auf bayerischer Ebene waren die Bedingungen jedoch sehr viel schlechter. Erst 1893 konnte die SPD in den bayerischen Landtag einziehen, als sie die Mehrheit des Nürnberger Wahlmännerkollegiums für sich gewann und ihr mit Gabriel Löwenstein, Karl Grillenberger, Johann Scherm und Josef Ehrhardt alle vier Nürnberger Mandate zufielen. Dieses Wahlergebnis macht die überragende Bedeutung der Nürnberger Sozialdemokratie für Bayern deutlich, da nur noch ein weiterer SPD-Kandidat, Georg von Vollmar aus München, gewählt wurde.

Auf Gemeindeebene schloß das Zensuswahlrecht die Sozialdemokraten in Nürnberg hingegen bis 1908 von der kommunalpolitischen Beteiligung aus. Erst als 1908 eine von der SPD geforderte Wahlrechtsreform vom Landtag beschlossen und die Verhältniswahl für größere Gemeinden eingeführt wurde, konnten sich die politischen Kräfteverhältnisse im Nürnberger Rathaus ändern. 1914 stellten die Sozialdemokraten die stärkste Fraktion.

35 Der in Zirndorf geborene Karl Grillenberger war gelernter Schlosser und entwickelte sich schon in jungen Jahren zum überragenden Führer der gerade entstehenden fränkischen Arbeiterbewegung. In den siebziger und achtziger Jahren baute er gemeinsam mit Georg von Vollmar die bayerische SPD auf. Er gründete in Nürnberg die Fränkische Tagespost *als Gegengewicht zur bürgerlichen Presse und wurde 1893 in den bayerischen Landtag gewählt. Titelkupfer der Grillenberger-Biografie von Georg Gärtner 1930.*

Bereits in den siebziger Jahren des 19. Jahrhunderts hatte sich in Nürnberg eine starke Arbeiterbewegung entwickelt. 1875 hatte die SPD in der Stadt und den Vororten etwa 1.000 beitragzahlende Mitglieder. Die Nürnberger Sozialdemokratie war die zweitgrößte nach der Hamburger und blieb unter Grillenberger die süddeutsche Hochburg. Auch das von 1878 bis 1890 geltende «Gesetz gegen die gemeingefährlichen Bestrebungen der Sozialdemokratie», das Sozialdemokraten zu Staatsfeinden erklärte, konnte den Aufstieg der SPD nur behindern, aber nicht stoppen. Die 1875 von Gabriel Löwenstein, dem Mentor der Fränkischen Arbeiterbewegung, unter dem Namen *Nürnberg-Fürther Sozialdemokrat* gegründete Parteizeitung, erschien deshalb ab 1878 als *Fränkische Tagespost*. Sie entwickelte sich zu einer der wichtigsten sozialdemokratischen Parteizeitungen in Deutschland. Die Leitung der Redaktion lag in den Händen von Männern wie Karl Grillenberger, Kurt Eisner, Philipp Scheidemann und Adolf Braun, die in der Partei einen großen Namen hatten. Braun, ursprünglich als Arbeitersekretär nach Nürnberg gekommen, wurde nach Grillenbergers Tod zur geistigen Leitfigur der Nürnberger Arbeiterbewegung. Im Gegensatz zu dem charismatischen, eine reformistische Linie vertretenden Pragmatiker Karl Grillenberger war Adolf Braun eher der marxistisch orientierte Intellektuelle.

Auf Anregung Karl Grillenbergers entstand 1894 das erste deutsche Arbeitersekretariat als Beratungsstelle für die zu dieser Zeit etwa neuntausend Gewerkschaftsmitglieder. Auskunft erhielt jedoch jeder ohne Unterschied des Berufes, seiner Partei- oder Gewerkschaftszugehörigkeit. Zwischen 1900 und 1914 wurden jährlich zwischen 16.000 und 18.000 Personen beraten. Mit Helene Grünberg beriet ab 1905 erstmals eine Frau die Arbeiterinnen. Grünberg entwickelte sich zur profiliertesten Vertreterin der proletarischen Frauenbewegung in Nürnberg. Die Auskunftsstelle wurde Vorbild für ähnliche Einrichtungen in vielen anderen deutschen Städten.

Nürnberg wird Großstadt – Die Zeit der Bürgermeister Stromer und Schuh

Im Jahr 1867 wurde der Jurist Otto Freiherr von Stromer, Mitglied der Fortschrittspartei, zum Ersten Bürgermeister gewählt. Stromer, der dieses Amt bis zu seinem plötzlichen Tod im Jahr 1891 ausübte, stammte aus einem der ältesten Nürnberger Patriziergeschlechter und galt als fortschrittlicher, aber auch äußerst national eingestellter Politiker. Zusammen mit dem langjährigen Zweiten Bürgermeister Christoph Seiler, der von 1861 bis 1893 im Amt war, und den beiden Kollegien hatte er in kürzester Zeit die Infrastruktur für eine Großstadt zu schaffen oder auszubauen.

Unter Stromers Ägide wurden Nürnbergs Straßen gepflastert, mit Entwässerungsanlagen und Bürgersteigen versehen, 1871 das bis dahin privat betriebene Gaswerk kommunalisiert und in den folgenden Jahren die öffentliche Straßenbeleuchtung mit Gaslicht stark ausgebaut. 1880 erfolgte die Einweihung des neuen Zentralfriedhofes, des heutigen Westfriedhofes. Mit der Pferdebahn entstand ab 1881 das erste leistungsfähige öffentliche Nahverkehrsmittel, das bereits im folgenden Jahr in Nürnberg und Fürth über ein Streckennetz von zwanzig Kilometern verfügte. Auslöser für diese Entwicklung war die Erste Bayerische Landesausstellung von Mai bis Oktober 1882 auf dem Maxfeld – dem heutigen Stadtpark –, für deren zwei Millionen Besucher ein leistungsfähiger Personentransport innerhalb der Stadt Voraussetzung war. 2.800 Aussteller präsentierten mitten im ersten Industrialisierungsschub einen beinahe vollständigen Querschnitt aller bayerischen Erzeugnisse sowie der technischen Neuerungen. So stattete Sigmund Schuckert das Ausstellungsgelände – eine Neuheit in Deutschland – mit elektrischen Lampen aus.

Besondere Bedeutung kam in den Jahren der Großstadtwerdung der allseits propagierten Volkshygiene und Gesundheitspflege zu. Hygiene entwickelte sich zum »Zauberwort«, mit dem gesellschaftliche Verhältnisse reformiert, aber auch soziale Probleme gelöst werden sollten. Seit 1877 wurde eine flächendeckende Kanalisation angelegt, das Abwasser der Stadt erst kurz vor Fürth in die Pegnitz entlassen sowie – erstmals in einer deutschen Stadt – eine zentrale Wasserversorgung aufgebaut. Um der zahlreichen Lebensmittelverfälschungen Herr zu werden und die Qualität des Trinkwassers ständig kontrollieren zu können, stellte Nürnberg 1876 als erste deutsche Stadt einen Stadtchemiker an. 1884 wurde in St. Johannis aus Furcht vor der Cholera eine Desinfektionsanstalt (heute das Kulturzentrum DESI) errichtet. 1891 eröffnete schließlich der neue moderne Vieh- und Schlachthof im Stadtteil St. Leonhard. Zahlreiche hygienische Vorschriften und tierärztliche Kontrollen stellten eine Versorgung der Bevölkerung mit gesundheitlich einwandfreiem Fleisch sicher.

Um die Verbindung zwischen der Altstadt und den Stadtteilen zu verbessern, waren bereits seit Ende der sechziger Jahre – nach Aufhebung der Festungseigenschaft im Jahr 1866 – Teile der Stadtmauer niedergelegt worden. Zwischen 1875 und 1877 genehmigten die städtischen Kollegien in ungebrochener Fortschrittsgläubigkeit den Abriß weiter Teile der Mauer. »Nürnbergs Glanz, Werth und Ruhm repräsentieren nicht dessen alte Mauern, sondern seine im Verlaufe von Jahrhunderten herausgebildete Industrie und Handelstätigkeit«, argumentierte ein Befürworter im Fränkischen Kurier. 1879 wollte der Fabrikant Lothar von Faber mit seinem vom Magistrat ebenfalls befürworteten radikalen Ringstraßenprojekt im Stile Wiens sogar anstelle der niedergelegten Stadtmauer großstädtische Boulevards anlegen und lediglich die vier Rundtürme stehenlassen. Letztlich setzten sich die Denkmalschützer und Gegner der Einlegung durch, welche – wie *Die Gartenlaube* – Nürnbergs große Vergangenheit mit Pathos beschworen: »... ganz Nürnberg selbst sammt seinen Gassen und Gäßchen, seinen Brücken, Thoren und Wällen (ist) ein germanisches Museum ..., ein Reliquienkästlein des deutschen Reichs.«

Nach Stromers Tod wurde Georg Schuh 1892 zu seinem Nachfolger gewählt. Der aus Fürth stammende Jurist war vorher zehn Jahre lang Bürgermeister in Erlangen und Landtagsabgeordneter der Freisinnigen Partei gewesen, bevor er von der freisinnigen Mehrheit der Nürnberger Kollegien zum Ersten Bürgermeister gewählt wurde. In seiner Amtszeit setzte Schuh die Infrastrukturmaßnahmen seines Vorgängers verstärkt fort, engagierte sich für Kulturprojekte und schuf eine moderne städtische Leistungsverwaltung. Durch die große Zahl der Bauprojekte und Investitionen vervielfachten sich der städtische Haushalt, aber auch die Schulden der Stadt.

Zwischen 1870 und 1914 errichtete die Stadt allein 36 neue große Schulhäuser, darunter viele «Schulpaläste» wie die Bismarck- oder die Bielingschule, wobei der Schwerpunkt der Bautätigkeit in der Amtszeit des bildungspolitisch sehr engagierten Georg Schuh lag.

Bereits in den achtziger Jahren waren die Mängel des 1845 erbauten Krankenhauses unübersehbar geworden. Die Anstalt war von Häusern und vielbefahrenen Straßen umgeben und nicht mehr erweiterbar, die Patienten hatten unter dem Staub, Ruß und Lärm der nahegelegenen Eisenbahn und Industrie zu leiden. Bürgermeister Schuh setzte sich sofort nach seiner Wahl energisch für den Neubau ein und forcierte die Arbeiten. Zwischen 1894 und 1897 wurde das Klinikum mit dreißig Gebäuden und 760 Krankenbetten auf einem weitläufigen Areal im Stadtteil St. Johannis realisiert.

Der «Volkshygiene» und «Gesundheitsfürsorge» diente das 1912 seiner Bestimmung übergebene und als Jahrhundertbauwerk gefei-

erte Wasserwerk Ranna, das von der Pegnitzquelle ausgehend bis heute in Teilen die Versorgung der Bevölkerung mit sauberem Trinkwasser sicherstellt.

36 Johann Georg Schuh, sitzend neben Bürgermeister Ferdinand Jäger, war von 1892–1913 Erster Bürgermeister Nürnbergs und galt zeitweise als erfolgreichster Bürgermeister Bayerns. Der tatkräftige Verwaltungsfachmann hatte in der Lokalpolitik eine sehr starke Stellung inne, da die Initiative und die Koordination vieler Projekte in seiner Hand lagen. In seiner Amtszeit wurden eine Vielzahl von Infrastruktur- und Kultureinrichtungen realisiert. Undatierte Fotografie.

Im kulturellen Bereich gelang es Schuh, für eine Reihe von Projekten Mäzene zu gewinnen. Der am Ort des alten Krankenhauses 1905 eingeweihte Bau des Neuen Stadttheaters – das heutige Opernhaus – geriet wegen der hohen Kostenüberschreitung in die Kritik. Von sechzehn vergleichbaren europäischen Opernhäusern, die seit 1890 errichtet worden waren, war das Nürnberger am kostspieligsten. Bürgermeister Schuh sah in dem Stadttheater jedoch nicht nur einen der wichtigsten Repräsentationsbauten der aufstrebenden Industriemetropole, sondern auch die vorläufige Krönung seines kommunalpolitischen Wirkens. Das nächste Kulturprojekt, das 1908 eröffnete Künstlerhaus, wurde nahezu vollständig von privaten Geldgebern finanziert, die Stadt stellte lediglich den Bauplatz neben dem Königstor am Eingang der Altstadt zur Verfügung. Von den 34 Mäzenen konnten sich 28 mit dem Titel «(Geheimer) Kommerzienrat» schmücken, der in der Regel Großkaufleuten verliehen wurde. Das Gebäude hatte später viele Nutzungen, zuletzt als selbstverwaltetes Kulturzentrum. Bereits 1911 folgte die Einweihung des nach dem bayerischen Prinzregenten benannten Luitpoldhauses, einer Stiftung des jüdischen Industriellen und Nürnberger Ehrenbürgers Heinrich Berolzheimer. In dem Haus fanden der Verein für Volksbildung, der Ärztliche Verein und die Naturhistorische Gesellschaft eine Heimat, heute teilen sich die Stadtbibliothek und die Naturhistorische Gesellschaft mit ihrem Museum das Gebäude. Der 1912 eröffnete erste Nürnberger Tiergarten am Dutzendteich wurde hingegen von einer Aktiengesellschaft finanziert.

Schon um die Jahrhundertwende waren weitere große Bauprojekte entstanden, wie zum Beispiel der Neubau für das Bayerische Gewerbemuseum am Marientorgraben, die spätere Landesgewerbe-

37 Blick über das am Rande des Stadtteiles St. Johannis neuerbaute Nürnberger Krankenhaus in westlicher Richtung. In der Bildmitte liegen die Versorgungsbauten mit dem Operationshaus (vorne) und dem Kesselhaus (hinten), links die Männer- und rechts die Frauengebäude. Fotografie von Ferdinand Schmidt 1898.

anstalt. Gezeigt wurden Lehr- und Mustersammlungen vorbildlicher gewerblicher und industrieller Erzeugnisse. Heute ist das Gebäude unter anderem Sitz des Bildungszentrums der Stadt Nürnberg. Die Pläne entwarf Theodor von Kramer, der Direktor des Museums. Er zeichnete auch für den 1905 eingeweihten Saalbau des Industrie- und Kulturvereins am Frauentorgraben verantwortlich, in dem 1935 am Rande des Reichsparteitages der NSDAP die Nürnberger Gesetze beschlossen wurden – Grundlage der Ausgrenzung von Juden aus dem NS-Staat. Heute befindet sich an dieser Stelle das Verwaltungsgebäude der Allgemeinen Ortkrankenkasse.

Der «den Ansprüchen der ersten und wichtigsten Industriestadt Bayerns» längst nicht mehr genügende alte Centralbahnhof wurde in den Jahren 1900 bis 1906 durch ein neues monumentales Bahnhofsgebäude ersetzt.

Auf den beiden Landesausstellungen 1896 und 1906, deren Aufgabe es war «... Heerschau zu halten über Bayerns Industrie, Gewerbe und Kunst», wie es der bayerische Ministerpräsident von Podewils formulierte, wurde die wechselseitige Beeinflussung von Kommerz und Kunst besonders deutlich. Die Landesausstellung 1896 fand nochmals auf dem Maxfeld statt. Weit über zwei Millionen Besucher fanden den Weg dorthin. Zu diesem Anlaß nahm erstmals eine elektrische Straßenbahn auf einer Versuchslinie zwischen dem Ausstellungsgelände und Fürth ihren Betrieb auf. Die Kosten für den Bau der Linie hatte die AEG übernommen. Bereits zehn Jahre nach diesem Großereignis setzte Bürgermeister Schuh eine dritte Landesausstellung aus Anlaß der hundertjährigen Zugehörigkeit Nürnbergs zu Bayern gegen anfänglich starke Widerstände der Industrie und eine gewisse Ausstellungsmüdigkeit der Öffentlichkeit durch. Kritik hatte sich auch an der Wahl des neues Standortes im Süden der Stadt – dem für die Ausstellung entstehenden Luitpoldhain – entzündet. Neben Industrie und Gewerbe traten die Stadt und der bayerische Staat als Aussteller auf, für die Besucher gab es

Attraktionen wie eine Wasserrutsche oder eine elektrische Rundbahn durch das Gelände. Trotz zweieinhalb Millionen Besuchern schloß die über fünf Millionen Mark teure Schau mit einem erheblichen Defizit ab. Dennoch leisteten die Landesausstellungen für die Stadt Nürnberg neben der Förderung der heimischen Wirtschaft und des Tourismus einen wichtigen Beitrag zur Stadtentwicklung.

Zwischen Nürnberger Stil und Moderne – Architektur und Kultur an der Wende zum 20. Jahrhundert

Seit den achtziger Jahren entstanden nicht nur in den Vorstädten vermehrt Wohn- und Funktionsbauten in historisierendem Stil, sondern auch die Altstadt veränderte in weiten Teilen ihr Gesicht. Bevorzugtes Baumaterial blieb der heimische Sandstein. Da vor allem die öffentlichen Neubauten stets im Spannungsfeld zwischen dem

38 Das in den Jahren 1888/89 erbaute Hotel Deutscher Kaiser in der Königsstraße 55 repräsentiert die Merkmale des sogenannten «Nürnberger Stils» besonders deutlich. Der Architekt Konradin Walther wählte Motive der Altnürnberger Architektur aus und kombinierte sie geschickt miteinander: Sowohl die zur Straße gerichtete Giebelfassade als auch das dreistöckige Chörlein – beide Ausnahmefälle – beziehen sich auf das berühmte Toplerhaus. Mit der Wiederbelebung des «Nürnberger Stils» verbunden waren auch denkmalpflegerische Maßnahmen wie die Anbringung einer Hausmadonna oder eines alten Chörleins (rechts). Fotografie von Ferdinand Schmidt vor 1909.

Bezug auf die Architekturformen, die das Bild der Nürnberger Altstadt prägten, und dem zeittypischen Repräsentationsbedürfnis kaiserzeitlicher Prunkbauten standen, entspann sich eine jahrelange Diskussion um einen spezifischen «Nürnberger Stil». Einer der Höhepunkte in diesem Streit war der Neubau des Stadttheaters gegenüber dem «malerischen Komplex» der Stadtmauer und dem Germanischen Nationalmuseum, der eine Anlehnung an die Grundsätze des «Nürnberger Stils» nahelegte. Der beauftragte Berliner Architekt Heinrich Seeling hatte deshalb auf Anregung von Bürgermeister Schuh einen Entwurf in dieser Stilrichtung angefertigt, worüber eine heftige öffentliche Diskussion entbrannte. Gegner argumentierten: «Es kann doch bei solchen (Neubauten) niemals die Aufgabe sein, mitten in einer vom modernsten Leben erfüllten Stadt die Illusion zu erwecken, als sei sie zurückgekehrt zu einer in vergangenen Jahrhunderten liegenden Blütezeit.» Aufgrund der Einwände nahm Seeling seine Anspielungen auf Nürnberger Architekturformen weitgehend zurück und beschränkte sich auf allgemein historisierende Elemente der Zeit.

Das Stadttheater stand nahezu 50 Jahre lang unter der Leitung von Maximilian Reck und seinem Sohn Hans. Besonders gepflegt wurde die Oper. Allein unter Hans Reck gab es in den Jahren 1885 bis 1905 über 300 Wagner-Aufführungen. Im privaten Saison-Theater, das nur von Mai bis September bespielt wurde, beherrschten dagegen volkstümliche Possen und Operetten die Szene. Dessen Nachfolger, das 1896 errichtete Apollo-Theater in der Pfannenschmiedsgasse mit über zweitausend Sitzplätzen, führte dieses Programm weiter. Die Moderne hatte in Nürnberg nur in dem von Emil Meßthaler 1900 gegründeten Inti-

Hotel Deutscher Kaiser

39 Die im Kaiserreich weit verbreitete Festkultur fand auch in Nürnberg ihren Niederschlag. Die Errichtung und Enthüllung von Denkmälern, Herrschergeburtstage und Jubiläen aller Art waren Anlaß zu Feiern und Festzügen. In Nürnberg spielte dabei die Rückbesinnung auf die «große Zeit» eine herausragende Rolle; vor allem Albrecht Dürer und Hans Sachs standen immer wieder im Zentrum politischer Feste. Das Bild zeigt den Hans-Sachs-Festzug von 1894 in der Ludwigstraße. Fotografie 1894.

men Theater in der Theatergasse ihren Ort. Es erwarb sich schnell auch überregional einen guten Ruf als mutige zeitgenössische Theater- und Varietébühne. Hier wurden um die Jahrhundertwende die skandalumwitterten Stücke Frank Wedekinds gespielt, zum Beispiel 1904 in Uraufführung *Die Büchse der Pandora.*

Die im Nürnberg des Kaiserreiches «grassierende Denkmalsseuche», wie der *Nürnberger Anzeiger* 1903 polemisierte, bezog sich sowohl auf lokale als auch auf nationale «Helden». Der Reigen begann mit dem 1874 eingeweihten Hans-Sachs-Denkmal auf dem gleichnamigen Platz und knüpfte damit an das ältere Dürer-Denkmal an. 1890 folgte das Martin-Behaim-Denkmal am Theresienplatz. Auch hier wurden Nürnberger Meister aus der «großen Zeit» der Stadt geehrt. Ein weiteres Denkmal mit lokalem Bezug war das heute an der Fürther Straße stehende Eisenbahndenkmal aus dem selben Jahr. Nationale Denkmäler entstanden mit dem Kriegerdenkmal am Köpfleinsberg (1876) und den beiden Reiterstandbildern von Wilhelm I. am Egidienberg (1905) und Bismarck am Prinzregentenufer (1914/15). Das 1902 eingeweihte Reiterstandbild von Prinzregent Luitpold vor dem Hauptbahnhof wurde in den dreißiger Jahren von den Nationalsozialisten beseitigt.

Auch die Kunst orientierte sich an der Vergangenheit: Als Ausrichter der Feier zu Dürers 400. Geburtstag im Jahr 1871 fungierten die Künstlervereinigungen Dürer-Verein, Künstlerverein und Künstlerklause. Das Programm umfaßte einen Festzug durch die Stadt, einen Fackelzug zum Standbild des Meisters sowie eine Ausstellung mit Werken Dürers im Germanischen Nationalmuseum. 1874 überließ die Stadt ihre Gemäldesammlung dem Germanischen Nationalmuseum, das die Bilder in einer eigenen Abteilung präsentieren wollte, die allerdings nie realisiert wurde. In den nächsten Jahren wurde deshalb der Wunsch laut, eine eigene städtische Galerie ein-

zurichten. 1890 entstand sie im Rathausneubau an der Theresienstraße, das Germanische Nationalmuseum gab zu diesem Zweck einige der städtischen Dauerleihgaben wieder zurück. Zwei Jahrzehnte später zog die Rathausgalerie in die Räumlichkeiten des neuen Künstlerhauses.

Erfolgreiche Integration? Juden in Nürnberg

»Gegenüber der mittelalterlichen Anschauung ist man jetzt allgemein zu der Erkenntnis gekommen, daß die Lösung der sogenannten Judenfrage gleichen Schritt mit der Entwicklung und Vermehrung der Gesittung und Humanität bei Nationen und Einzelnen hält«, konstatierte Bürgermeister Stromer im September 1874 in seiner

Rede anläßlich der Einweihung der Synagoge am Hans-Sachs-Platz. Er nahm damit Bezug auf seinen Vorfahren Ulman Stromer, der mitverantwortlich für das Pogrom des Jahres 1349 gewesen war. Die Einweihung der Synagoge stellte einen Höhepunkt im Leben der jüdischen Gemeinde dar, verkörperte sie doch die seit 1871 bestehende bürgerliche Gleichberechtigung und die erfolgreiche Integration der Nürnberger Juden. Bereits ab 1864 verfügte die jüdische Gemeinde an der Bärenschanzstraße über einen eigenen Friedhof, der jedoch bald nicht mehr groß genug war. 1910 wurde daher in unmittelbarer Nachbarschaft zum Westfriedhof ein neuer Friedhof eingeweiht, der noch heute von der Israelitischen Kultusgemeinde benutzt wird. Der kleine orthodoxe Gemeindeflügel gründete 1865 den Verein Adas Israel und errichtete 1902 eine eigene Synagoge in der Essenweinstraße.

40 Die in maurischem Stil – der sich im 19. Jahrhundert in Deutschland als prägend für die Synagogenarchitektur herausbildete – 1874 errichtete Nürnberger Hauptsynagoge wurde lange als Bereicherung des Stadtbildes an der Insel Schütt empfunden. Sie bot der zu diesem Zeitpunkt etwa 2.000 Personen zählenden jüdischen Gemeinde 546 Männer- und 389 Frauenplätze, die für die rasch wachsende Gemeinde schon bald nicht mehr ausreichten. Fotografie um 1900.

Obwohl die jüdische Gemeinde durch Zuzug aus den jüdischen Landgemeinden in Franken sehr rasch wuchs – 1910 waren es bereits 8.000 Menschen – betrug ihr Anteil an der Gesamtbevölkerung nie mehr als drei Prozent. Dennoch hatte sie wesentlichen Anteil am wirtschaftlichen Aufstieg Nürnbergs im späten 19. Jahrhundert. So machten vor allem jüdische Hopfenhändler Nürnberg zum weltweit führenden Hopfenhandelsplatz. Auch ein Großteil der berühmten Nürnberger Zweiradindustrie wurde von jüdischen Unternehmern aufgebaut: Victoria, Triumph, Mars und Ardie sowie die 1886 von Carl Marschütz gegründeten Hercules-Werke, die älteste noch existierende Fahrradfabrik der Welt.

Die Nürnberger Metallwarenfabrik der Gebrüder Ignaz und Adolf Bing galt um die Jahrhundertwende als die weltweit führende Spielwarenfabrik, fertigte aber auch eine Vielzahl anderer Produkte aus Metall. 1886 gründeten Hermann und Julius Tietz Nordbayerns erstes Kaufhaus.

Allein aus der Arbeiterbevölkerung rückten in den ersten Mobilmachungstagen etwa 20.000 Soldaten zum Kriegsdienst ein. Kleine Unternehmen mußten den Betrieb oft völlig einstellen, da die Mitarbeiter eingezogen waren.

Die zurückbleibenden Familien waren nicht selten auf den städtischen Armenrat und private Wohltätigkeit angewiesen. Um die Hilfstätigkeit sinnvoll zu organisieren, entstanden noch im August die ersten sechs Kriegsvolksküchen und das städtische Kriegsfürsorgeamt, dessen Leitung der neue Bürgermeister Otto Geßler selbst übernahm. Geßler, ein ausgewiesener Linksliberaler und mithin auch für die Sozialdemokraten akzeptabel, war Georg Schuh 1913 im Amt gefolgt.

Nürnberg war als eine auf den Export ausgerichtete Industriestadt besonders schwer vom Kriegsausbruch betroffen, da die Absatzmärkte wegfielen. In kürzester Zeit waren 30.000 bis 40.000 Menschen arbeitslos. Im September 1914 war Nürnberg die Stadt mit der höchsten Arbeitslosenquote im Reich. Arbeitslosenunterstützung beruhte bis 1914 auf Selbsthilfe und wurde daher nur von Gewerkschaften und bestimmten Unternehmen geleistet. Die Stadt Nürnberg organisierte Arbeitsbeschaffungsmaßnahmen wie die städtische Kriegsarbeitsstelle zur Anfertigung von Heeresbedarf, die im April 1915 neuntausend Frauen beschäftigte und damit zu den größten ihrer Art in Deutschland zählte. Geßler bemühte sich persönlich um die Vergabe von Heereslieferungen nach Nürnberg und gründete eine Kriegskreditbank. Erst Ende 1915 besserte sich die Lage auf dem Nürnberger Arbeitsmarkt. Die Sozialdemokraten setzten nun mit Hilfe des Oberbürgermeisters eine seit langem geforderte kommunale Arbeitslosenunterstützung durch.

Immer mehr Firmen stellten indessen ihre Produktion auf Rüstung um, viele konnten

41 Die von dem jüdischen Hopfenhändler, Mäzen und Nürnberger Ehrenbürger Ludwig Gerngroß gestiftete Kopie des Neptunbrunnens wurde 1902 auf dem Hauptmarkt aufgestellt und 1934 von den Nationalsozialisten wieder entfernt. Heute befindet sich der Brunnen im Nürnberger Stadtpark. Das Bild zeigt Bürgermeister Georg Schuh (links) neben dem Stifter (Mitte). Fotografie 1902.

enorme Gewinne verzeichnen. Die größte Nürnberger Rüstungsfabrik wurde die MAN, die ihre Mitarbeiterzahl bis 1918 gegenüber der Vorkriegszeit auf 9.000 Arbeiter verdoppeln konnte. Auch die Firma Gebr. Bing AG gehörte mit 7.000 Beschäftigten zu den größten Rüstungsfirmen. Rund zwei Drittel der Nürnberger Arbeiterschaft waren Rüstungsarbeiter beziehungsweise -arbeiterinnen, welche die zum Kriegsdienst eingezogenen Männer ersetzten. Sie verdienten relativ gut, während das restliche Drittel der Bevölkerung Hunger litt.

Seit 1915 wurde der Hunger in den deutschen Industriestädten zu einem ernsten Problem, das sich zunehmend verschärfte. In Nürnberg kam es am 6. Juli 1916 zum ersten Lebensmittelkrawall. Im Polizeibericht war zu lesen: «Die Menge johlte und pfiff. Ein Wachmann wurde mit Steinen beworfen, ein anderer mit Pferdemist und Straßenkot.» In den nächsten beiden Tagen kam es wiederum zu heftigen Ausschreitungen vor Käse- und Buttergeschäften in der Nürnberger Innenstadt. Nach dem Kohlrübenwinter 1916/17 gab es im März 1917 die zweiten großen Hungerunruhen in Nürnberg, die sich durch Krawalle vor dem Rathaus und Geßlers Privatwohnung äußerten, während derer Frauen Brot und Kartoffeln forderten.

Als Sprachrohr derjenigen, die mit der kriegstragenden Politik der SPD unzufrieden waren, gründete sich auch in Nürnberg im April 1917 die Ortsgruppe der U(nabhängigen)SPD, die eine schnelle Beendigung des Krieges forderte. Mit 500 bis 600 Mitgliedern wurde sie die zahlenmäßig stärkste Ortsgruppe Bayerns, Josef Simon ihr prominentester Vertreter.

Bayerns «heimliche Hauptstadt»

Wenn Zeitgenossen wie Hans Christian Andersen Nürnberg um die Mitte des 19. Jahrhunderts als «Bayerns heimliche Hauptstadt» rühmten, hatten sie die historische Größe der Stadt mit «Adam Krafts Hammerschlag und Dürers Bildern» im Sinn. Dabei erlebte Nürnberg in den Jahren zwischen 1806 und 1918 einen zweiten Aufstieg: Die hochverschuldete und in ihren politischen Strukturen erstarrte Reichsstadt entwickelte sich innerhalb eines Jahrhunderts zur führenden Industriemetropole Bayerns. Die Bevölkerung wuchs in diesem Zeitraum von 25.000 auf über 360.000 Menschen an. Durch die Zuwanderung waren schließlich in der ehemals rein evangelischen Stadt ein Drittel der Bewohner katholisch. Die jüdischen Zuwanderer blieben ein kleine, wirtschaftlich jedoch sehr erfolgreiche Minderheit, die gesellschaftlich gut integriert war.

Deutschlands erste Eisenbahn und der schnell voranschreitende Ausbau eines flächendeckenden Schienennetzes gaben die Initialzündung zur Gründung der in Nürnberg für Jahrzehnte maßgeblichen Maschinenbauindustrie. Die zahlenmäßig dominierende Industriearbeiterschaft begann sich zu organisieren und begründete mit ihrer Galionsfigur Karl Grillenberger Nürnbergs Ruf als «rote Hochburg» und eines der Zentren der deutschen Arbeiterbewegung. Wegen des diskriminierenden Wahlrechts konnte die Arbeiterschaft sich jedoch erst mit der Wahlrechtsreform von 1908 aktiv in die Stadtpolitik einbringen. Der Bauboom seit den 1870er Jahren prägt vor allem in den Vorstädten noch heute das Gesicht der Stadt. Eine Vielzahl von Infrastrukturprojekten wie das Klinikum Nord und eine ganze Reihe von Schulhausbauten zeugen von den kommunalpolitischen Erfolgen der damaligen Zeit.

GRAF ZEPPELIN
D-LZ127

IV. Aufbruch in die Moderne – Nürnberg während der Weimarer Republik

»Nieder mit dem Krieg und dem größenwahnsinnigen Preußenkaiser» – ein kleiner angeknitterter Zettel mit blauer, unbeholfener Schrift, der heute im Stadtarchiv verwahrt wird, ist der eindrucksvollste Beleg für die großen Demonstrationen der Jahre 1918/19 in Nürnberg. Die meisten Nürnberger, vor allem aber die meisten Nürnbergerinnen, hatten nach vier Jahren genug vom Ersten Weltkrieg, dem bis dahin nicht gekannten Massensterben an der Front und der Not daheim.

So sah der Egidienplatz mit seinem Kaiser-Wilhelm-Denkmal Ende Januar die ersten großen Demonstrationen während des «Januarstreiks» 1918. Mancher wurde einfach mitgerissen, wie der Gostenhofer Kaufmannslehrling Alexander Abusch, der sich an der Lorenzkirche dem Demonstrationszug anschloß, so in die Politik geriet und Jahrzehnte später Kulturminister der DDR werden sollte. Die Demonstranten hatten im Januar 1918 noch keine ausgereiften politischen Konzepte, stattdessen aber ein einfaches Ziel: Brot und Frieden. Damals forderte der einflußreiche SPD-Politiker und Schriftleiter der *Fränkischen Tagespost*, Adolf Braun, in der Nürnberger Parteizeitung am 10. Oktober 1918 als erster in der deutschen Presse die Abdankung des Kaisers.

Im Unterschied zu vielen anderen Städten arbeiteten USPD und SPD in Nürnberg nicht in erster Linie gegeneinander, sondern versuchten möglichst gemeinsam die Forderungen der großen Mehrheit nach einem Ende des Krieges durchzusetzen. Dies führte zu einem ausgesprochen friedlichen Verlauf der Revolution vom November 1918, und der Arbeiter- und Soldatenrat verlegte sich auf ein Reformkonzept zur Durchsetzung einer sozialen Demokratie mit friedlichen Mitteln. Mit dem Schild «Hier wird gesiedelt» begann in Buchenbühl und Loher Moos ein typisches Projekt dieses Nürnberger Weges in der Revolution von 1918/19.

Die Zurückhaltung der Nürnberger Arbeiterbewegung während der Revolution, die auch zum frühen Scheitern der Münchener

Räterepublik beitrug, wurde ihr von der Gegenseite nicht gedankt. Teile der Nürnberger Reichswehr beteiligten sich 1920 am Kapp-Putsch gegen die Weimarer Demokratie und erschossen vor dem Hauptbahnhof 21 unbewaffnete Menschen. Rechtsradikale und «völkische» Gruppen entstanden, die nach der frühzeitigen Gründung der NSDAP-Ortsgruppe Nürnberg im Jahr 1922 unter der Führung Julius Streichers zu einer großen Belastung für die demokratische Stadtpolitik werden sollten.

Die Weimarer Republik begann für die Nürnberger Stadtverwaltung mit der Wahl Hermann Luppes (1874–1945) zum Oberbürgermeister am 1. Januar 1920. Obwohl sich die beiden sozialistischen Parteien seit der Kommunalwahl ein Jahr zuvor auf eine solide Mehrheit stützen konnten, waren sie mit den Stellvertreterposten zufrieden. So übernahm bis 1933 Hermann Luppe, ein ausgewiesener Verwaltungsfachmann und engagierter Liberaler, die Schaltstelle der Kommunalpolitik.

Die langen Amtszeiten Hermann Luppes und seines Stellvertreters Martin Treu von der SPD, der von 1919 bis 1933 Zweiter Bürgermeister war, können jedoch nicht darüber hinwegtäuschen, daß auch in Nürnberg zeitweise sehr instabile politische Verhältnisse herrschten. Bereits 1924 errangen die Nationalsozialisten nach einer beispiellosen Hetzkampagne in Julius Streichers Wochenzeitung *Der Stürmer*, die auch von bürgerlichen Zeitungen mitgetragen wurde, als «Liste Streicher» sechs Sitze im Stadtrat. So hatten die Nationalsozialisten bei der ersten Wahl, zu der sie in Nürnberg antraten, bereits elf Prozent der Wähler hinter sich. Diese etwa 20.000 Nürnberger fühlten sich weder von Streichers Antisemitismus noch von seinen offensichtlichen Lügen in der Presse abgestoßen.

Angesichts der wegen nationalsozialistischer Pöbeleien zeitweise chaotischen Stadtratssitzungen und kurzlebiger Gruppen und Grüppchen im Stadtrat wie der Volksgemeinschaft Schwarz-Weiß-Rot, dem Christlichen Volksdienst oder der Reichspartei für den Mittelstand war nicht das Stadtparlament, sondern die Stadtverwaltung mit Hermann Luppe und Martin Treu an der Spitze eine konstante Größe und ein Orientierungspunkt für die Bürgerschaft.

Die instabilen politischen Verhältnisse standen in direktem Zusammenhang mit den großen wirtschaftlichen Problemen und Kri-

42 Der Jurist Hermann Luppe (1874–1945) wurde 1920 zum Nürnberger Oberbürgermeister gewählt. Die Nationalsozialisten zwangen ihn 1933 zum Rücktritt. Luppe war für die Deutsche Demokratische Partei (DDP) Mitglied der Weimarer Nationalversammlung. Die Bitte, im Mai 1945 als Oberbürgermeister nach Nürnberg zurückzukehren, erreichte Hermann Luppe nicht mehr: Er war mit seiner Frau am 3. April 1945 bei einem Luftangriff in Kiel ums Leben gekommen. Fotografie 1931.

sen in der Weimarer Republik, die auch Nürnberg in Atem hielten: In den ersten Jahren bis 1923 galoppierte die Inflation, die Arbeitslosigkeit war über all die Jahre konstant viel zu hoch und erreichte im Dezember 1932 die Zahl von über 56.000. Arbeitslosigkeit bedeutete damals für viele Betroffene und ihre Familien das soziale Aus. Für die Stadt war Anfang der dreißiger Jahre das Ende jeder politischen und finanziellen Handlungsmöglichkeit wegen der Unterstützungszahlungen an notleidende Bürger gekommen.

Trotz dieser Schwierigkeiten fielen während der Weimarer Republik wichtige Entscheidungen über die zukünftige Entwicklung Nürnbergs. Hermann Jansen, Professor für Stadtplanung aus Berlin, wurde beauftragt, für den Großraum Nürnberg-Fürth einen Generalbebauungsplan zu entwickeln. Der Jansenplan, dessen Grundzüge erstmals 1924 vorgestellt wurden, gab dem Schutz der Altstadt hohe

Priorität und legte daher fest, daß der Durchgangsverkehr auf einer Ringstraße um die Altstadt herumgeführt werden sollte. Dies bedeutete das vorläufige Ende der Planung für eine Nord-Süd-Straße mitten durch die Altstadt, die sogar einen Tunnel durch den Burgberg erfordert hätte.

Im Zusammenhang mit dem Jansenplan ist ein großes und heute kaum mehr vorstellbares Projekt gescheitert: die Vereinigung Nürnbergs mit Fürth. Die Frage einer Zusammenlegung der beiden Nachbarstädte war schon vor dem Ersten Weltkrieg immer wieder diskutiert, aber nie entschieden worden. Die Vorteile – gemeinsamer Betrieb kommunaler Einrichtungen wie Theater, Müllverbrennung, Energieversorgung oder öffentlicher Nahverkehr – lagen auf der Hand. Die Nachteile unterschätzte der ortsfremde Hermann Luppe, denn sie hatten regionale Traditionen und lagen auf emotionalem Gebiet: Die «kochende Fürther Volksseele», wie eine dortige Zeitung schrieb, konnte eine Einverleibung der kleineren und älteren

Nachbarstadt – und als nichts anderes hätte man die Vereinigung empfunden – nicht akzeptieren. Da die Weimarer Republik eine Demokratie mit weit entwickelten Rechten des Volkes war, kam es 1922 zur Volksabstimmung. Die Gruppe «Treu Fürth» errang mit 65 Prozent der Stimmen gegen die Vereinigungspläne einen spektakulären Sieg, und der Fürther Stadtrat, der für die Vereinigung gewesen war, trat geschlossen zurück. Trotzdem arbeiteten beide Städte auf manchen Gebieten, wie dem Theater oder der Stadtplanung, auch weiterhin zusammen.

43 «Hängt nicht den Kopf, weil trüb die jetzige Zeit» – die Lumophon-Radiofabrik in der Schloßstraße im Nürnberger Stadtteil Gleißhammer spendierte bedürftigen Kindern 1930 eine Mahlzeit. Fotografie 1930.

Hermann Jansen legte im 1930 abgeschlossenen Generalbebauungsplan nicht nur wichtige Verkehrsprojekte fest, zu denen auch eine Schnellstraße auf dem Bett des alten Ludwigskanales (der heutige Frankenschnellweg) gehörte, sondern versuchte auch, Industrie- und Wohngebiete so anzuordnen, daß sie sich gegenseitig nicht störten.

Das wichtigste Bauprojekt der Weimarer Republik war das Stadiongelände südöstlich des Dutzendteiches. Nach den Plänen des Gartenarchitekten Alfred Hensel und des Stadtbaurats Otto Ernst Schweizer entstand ein weitläufiges Areal mit «Jedermann»-Sportplätzen, einer Kleingartenanlage, dem Stadionbad, einem Sonnenbadcafé und einer alkoholfreien Gaststätte. Der Großstadtmensch sollte, so die Idealvorstellung, seine freie Zeit in der Natur verbringen. Er sollte frische Luft und Sonne tanken und dabei keinen Alkohol, sondern Milch aus dem neuen städtischen Milchhof trinken.

Für all dies war ein anspruchsvolles architektonisches Ambiente geschaffen, das die Ideale des Bauhauses nach Nürnberg brachte. Die scharf vorspringenden Flachdächer – besonders eindrucksvoll bei der Haupttribüne des Stadions – große Glasfronten, Sichtbeton und weißer Putz ließen ein modernes Raumgefühl entstehen. Otto Ernst Schweizer avancierte zu einem der wichtigen modernen Architekten der Weimarer Republik. Schweizer hielt sich dabei ganz im Sinne des Jansenplanes bewußt von der Altstadt fern und paßte sein einziges Bauprojekt innerhalb des Mauerrings, das Arbeitsamt beim Unschlittplatz, sensibel in die Altstadt ein. Dies war seinem

44 Das Städtische Stadion mit seiner Haupttribüne ist einer der wenigen Beiträge zum modernen Bauen der Weimarer Republik aus Nürnberg. Es stammt von dem Architekten Otto Ernst Schweizer, der auch mit seinen anderen Nürnberger Bauten überregional Aufsehen erregte. Fotografie um 1928.

Bauherrn, Oberbürgermeister Hermann Luppe, jedoch nicht genug, denn Luppe lehnte die kubisch-lineare Bauweise der Weimarer Moderne grundsätzlich ab. Er ließ Schweizer zwar bei den Bauten des Stadiongeländes oder beim Milchhof am Wöhrder Talübergang gewähren, zwang ihn jedoch dazu, einer modernen Villa mit Flachdach im Nobelvorort Erlenstegen nachträglich einen Giebel aufzusetzen. So verließ 1931 Nürnbergs bester Architekt die Stadt, um eine Professur in Karlsruhe anzutreten.

Kern der Nürnberger Kommunalpolitik war die Umsetzung eines sozialen Konzeptes, das Wohnungsbau, Wohlfahrts- und Gesundheitspflege und Zugang zu Bildung und Kultur für breite Bevölkerungskreise beinhaltete. Auf dem Gebiet der Sozialpolitik und des Gesundheitswesens setzte Hermann Heimerich viele Neuerungen durch, die überregional Beachtung fanden. Er baute das städtische Gesundheitsamt auf, das erste seiner Art in Bayern, und schaffte das System der Armenärzte ab, so daß nun auch wenig bemittelte Nürnberger ihren Arzt frei wählen konnten. Zur Verbesserung der Tuberkulosebekämpfung gründete Heimerich einen Zweckverband, der Initativen der Stadt, der Krankenkassen und des Vereins zur Bekämpfung der Tuberkulose zusammenfaßte und so die Kräfte bündelte. Die Tuberkulose war wieder zu einer echten Volkskrankheit geworden. 1923 waren über 10.000 Nürnberger und damit fast drei Prozent der Gesamtbevölkerung an Tbc erkrankt. Die Stadt betrieb eigene Erholungsheime und ließ von Otto Ernst Schweizer an der Schnieglinger Straße 185 eine Wohn- und Pflegestätte für Lungenkranke erbauen.

Es ist angesichts der politischen Schwerpunktsetzungen kein Zufall, daß wichtige städtische Bauvorhaben der damaligen Zeit im Bereich des Gesundheitswesen realisiert wurden: Die neue Frauen- und Säuglingsklinik am Kirchenweg wurde nach Plänen des Architekten Robert Erdmannsdorffer im Jahr 1930 fertiggestellt. Sie bietet heute mit der Kunst am Bau und mit ihren niedrigen Giebeldächern, die fast den Eindruck von Flachdächern vermitteln, das beste Beispiel für die Aufbruchstimmung der damaligen Zeit und ihrer in Nürnberg abgeschwächt modernen Architekturform. Die Nürnberger Bauten Schweizers sind ebenfalls nicht nur als Architektur-Avantgarde, sondern vor allem als Teil dieser sozialen Baukultur zu sehen, die moderne Einrichtungen für alle Schichten der Bevölkerung schaffen wollte. Hierzu zählt auch der Siedlungsbau der 1918 gegründeten Wohnungsbaugesellschaft der Stadt Nürnberg (WBG). Die damalige Kommunalpolitik hat eine weitere wichtige Einrichtung geschaffen: 1919 wurde die Volkshochschule gegründet. Sie war Teil der Bestrebung, Nürnberg mit der Handelshochschule und dem Ausbau technischer Bildungsmöglichkeiten als Hochschulstandort zu etablieren. Geblieben sind davon das Bildungszentrum sowie die Wirtschafts- und Sozialwissenschaftliche Fakultät der Universität Erlangen-Nürnberg, die das Gebäude der ehemaligen Handelshochschule in der Findelgasse auch heute noch nutzt.

45 Die Theatergemeinde der städtischen Volkshochschule brachte auch den experimentellen Film der Weimarer Republik nach Nürnberg. Die Titelcollage verwendet den damals neuesten Kinobau in Nürnberg, den Phoebus-Palast des Architekten Ludwig Ruff. Veranstaltungsprogramm 1928.

Die Volkshochschule entwickelte sich in der Weimarer Republik zu einem Zentrum demokratisch gesinnter Kräfte und war deshalb rechtskonservativen und nationalsozialistischen Kreisen ein Dorn im Auge. Zu Unrecht wurde sie als Parteihochschule der Sozialdemokratie verleumdet und im Kommunalwahlkampf 1929 von den Nationalsozialisten, mit Unterstützung der konservativen Lokalzeitung *Fränkischer Kurier* und der *Nürnberger Zeitung*, als «Plauderstätte für Schmutz und sittlichen Tiefstand» denunziert. Anlaß war die engagierte Dozentin Anna Steuerwald-Landmann, die in dem Kurs «Die Frau von heute» die Emanzipation der Frau zur Diskussion stellte und dabei auch die «Kameradschaftsehe» zum Thema machte. Obwohl sich die Dozentin deutlich gegen die freie Liebe und für die traditionelle Ehe aussprach, genügte den Nationalsozialisten allein diese Themenwahl, um im Stadtrat Schauanträge gegen die Volkshochschule zu stellen. Es paßte dabei gut in die Propaganda, daß die betroffene Dozentin Jüdin war. Anna Steuerwald-Landmann mußte nach 1933 ins Exil gehen, kehrte aber nach 1945 noch einmal an die Volkshochschule zurück. Eine Straße im Nürnberger Nordosten ist nach ihr benannt.

Bei Theater, Oper und Literatur konnten die seit 1920 städtischen Bühnen unter ihrem Intendanten Johannes Maurach kaum ein Niveau erreichen, das mehr war als braver Durchschnitt. Selbst das um die Jahrhundertwende noch überregional wichtige Intime Theater in der Johannesgasse fand nicht mehr zu seiner mutigen Spielplangestaltung der Vorkriegszeit zurück, obwohl dort 1929 die *Dreigroschenoper* von Kurt Weill und Bertolt Brecht ihre Nürnberger Uraufführung erlebte. Wer etwas werden wollte, mußte Nürnberg in Richtung München oder besser noch Richtung Berlin verlassen. Dies tat der in Nürnberg aufgewachsene Schriftsteller Hermann Kesten, der Lektor des Kiepenheuer-Verlags in der Hauptstadt wurde und große Erfolge als Romanautor feierte.

Der Schriftsteller Karl Bröger blieb dagegen zeitlebens in Nürnberg. Er kam aus einfachen Verhältnissen und wurde eher zufällig

fotografie und film

in der neuen bilderbühne

2. und 3. veranstaltung
im spieljahre 1928-29

theatergemeinde der städt.
volksbildungskurse und der
volkshochschule nürnberg

dieses programm gilt für beide veranstaltungen

als Dichter entdeckt. Sein Roman *Held im Schatten*, der 1919 erschien, erzählt von dem harten Leben in der Arbeitervorstadt Wöhrd. Später schrieb Bröger über seine ersten Lebensjahre: «Ich selbst weiß von einer Kindheit nichts.» Karl Bröger wurde vor allem durch seine Gedichte über den Ersten Weltkrieg bekannt, in denen er einerseits eine große Verbundenheit mit Deutschland als Vaterland ausdrückte, andererseits aber keinen Zweifel daran ließ, wie sehr ihn die Grausamkeit des Krieges abstieß. Dies änderte nichts daran, daß sein Gedicht *Bekenntnis* selbst von den Nationalsozialisten positiv angenommen wurde. Bröger stand jedoch von Jugend an der SPD nahe und war als Kulturredakteur der sozialdemokratischen *Fränkischen Tagespost* einer der wichtigen Theaterkritiker im Nürnberg der Weimarer Republik.

Die Bildende Kunst erlebte durch ein Jubiläum einen ungeahnten Aufschwung. 1928 beging Nürnberg den 400. Todestag Albrecht Dürers. Schon in den Jahren zuvor war die städtische Kunstsammlung im Künstlerhaus von zweit- und drittklassigen Werken befreit worden. Das Dürerjahr ermöglichte nun nicht nur eine große Ausstellung mit Werken Dürers, sondern auch eine überregional beachtete Ausstellung zeitgenössischer deutscher Kunst in der dazu neu gestalteten Norishalle. Teilweise zum ersten Mal waren 1928 in Nürnberg Bilder von Lyonel Feininger, Otto Dix, George Grosz und anderen modernen Künstlern zu sehen. Nürnberg hatte hier nur die Werke von Hermann Gradl und Rudolf Schiestl mit ihren idyllischen Landschaften und Bauerngestalten beizutragen – eine rückwärtsgewandte, gleichwohl populäre Kunst.

46 Der Nürnberger Architekt Hans Müller hatte 1930 für die Fränkische Verlagsanstalt eines der wenigen Hochhäuser in Nürnberg hinter dem Bahnhof errichtet. In dem Haus war die Druckerei der Fränkischen Tagespost *und die Parteizentrale der SPD untergebracht. 1933 wurde das Haus von der SA gestürmt und die Druckerei zerstört. Fotografie 1930.*

Das Jahr 1928 war nicht nur ein wichtiges künstlerisches Ereignis, sondern erscheint rückblickend als Höhepunkt der Geschichte Nürnbergs in der Weimarer Republik. Erstmals erlangte die Stadt in diesen Jahren überregionale Aufmerksamkeit, die wirtschaftlichen Probleme schienen überwindbar, und mit einem neuen touristischen Konzept zog die Stadt Besucherströme aus dem In- und Ausland an. So gab es 1928 auch eine nächtliche Beleuchtung wichtiger Sehenswürdigkeiten der Altstadt.

Nürnberg war in den Zwanzigern nicht als Stadt der zeitgenössischen Kultur, sondern vor allem als historische Stadt bekannt. Wer an Nürnberg dachte, dem fiel darüber hinaus vielleicht die hier ansässige Industrie ein, die Fahrräder, Spielzeug, Lastwagen und Metallwaren aller Art herstellte. Mit Sicherheit war Nürnberg aber eine der wichtigsten Sporthochburgen im Deutschen Reich. Dies galt für das Ringen oder die Radrennen im Reichelsdorfer Keller, vor allem aber für den Fußball mit dem 1. FC Nürnberg. Der am 4. Mai 1900 gegründete Club wurde 1920, 1921, 1924, 1925 und 1927 deutscher Fußballmeister. Damals pilgerten Tausende in den Nürnberger Südosten nach Zerzabelshof oder, wie man damals sagte, «zum Zabo», um Spieler wie Heiner Stuhlfauth im Tor oder Hans Kalb als Mittelläufer zu sehen. Der Club stellte 1924 gemeinsam mit dem Lokalrivalen Spielvereinigung Fürth die gesamte deutsche Nationalmannschaft.

47 Der 1. Fußballclub Nürnberg hatte in den zwanziger Jahren seine große Zeit und wurde fünfmal Deutscher Meister. Da «der Club» diesen Titel bis 1968 noch viermal holte, war er lange Jahre der Fußballverein mit den meisten Titelgewinnen überhaupt. Im Bild ist die erste Meistermannschaft von 1920 mit (stehend von links) Träg, Dr. Steinlein, Riegel, Stuhlfauth, Kalb, Popp, Bark und (sitzend von links) Szabo, Böß, Winter, Strobel und Kugler zu sehen. Postkarte 1920.

Die zwanziger Jahre waren auch in Nürnberg die Zeit der großen Varietés und abendlichen Vergnügungen mit Shimmy-Tanz, Jazz-Musik und Zirkus-Nummern. Das Apollo-Theater in der Pfannenschmiedsgasse und die Lokale rund um die Luitpoldstraße boten ein Unterhaltungsprogramm, das von Live-Darbietungen lebte.

Dies änderte sich durch das Kino und den Tonfilm. 1927 war das Jahr, in dem das Kino in Nürnberg seinen großen Durchbruch erleben sollte. Das Apollo-Theater wurde zum Kino umgebaut und die bis dahin angesehenste Lichtspielbühne, das LuLi in der Luitpoldstraße, bekam Konkurrenz: Die Phoebus-Filmgesellschaft ließ direkt hinter dem Grand-Hotel am Hauptbahnhof ein neues Kino, den Phoebus-Palast, bauen und gewann dafür mit Ludwig Ruff einen der bekanntesten Architekten der Stadt.

1927 war auch das Jahr, in dem zum ersten Mal ein Reichsparteitag der NSDAP in Nürnberg stattfand. Geschützt von der inzwischen bayerisch gewordenen Polizei unter ihrem Polizeipräsidenten Heinrich Gareis, gewannen die Nationalsozialisten in der roten Hochburg Nürnberg zunehmend an Raum. Sie nutzten den Luitpoldhain, einen Park, der schon viele politische Feste gesehen hatte, als Versammlungsort. 1925 pflanzte Hermann Luppe dort zur Erinnerung an die Weimarer Reichsverfassung eine Verfassungslinde. Doch das demokratische Pflänzchen gedieh nicht, sondern wurde schon bald von anonymen Tätern umgehackt.

Als die Nationalsozialisten 1929 zum zweiten Mal mit ihrem Reichsparteitag nach Nürnberg kamen, fanden sie im Luitpoldhain das von Hermann Luppe mit viel Engagement verfolgte Projekt eines Gefallenenehrenmals in fast fertigem Zustand vor. Die von dem Nürnberger Architekten Fritz Mayer entworfene Arkadenhalle mit zwei Nebenräumen, wo die Totenbücher mit den Namen der etwa 10.000 Nürnberger Gefallenen des Ersten Weltkriegs auslagen, ge-

fiel Hitler. Es wurde, noch vor der offiziellen Einweihung, von den Nationalsozialisten für den Reichsparteitag genutzt.

Es fehlte in Nürnberg nicht an Gegnern der Nationalsozialisten und auch die Nürnberger jüdischen Glaubens sahen nicht tatenlos dabei zu, wie die Nationalsozialisten begannen, die Straße zu erobern. Schon früh erkannte der Rabbiner Max Freudenthal die Gefahr, als er 1926 in der Synagoge am Hans-Sachs-Platz über den Meistersänger predigte und einen Haß beklagte, der bis dahin in Nürnberg unbekannt gewesen sei. Die Nazis verglich er mit den «bösen Kobolden und Spukgestalten», die Hans Sachs «so oft mit seinem derben, fröhlichen Witz verspottet hat».

Es blieb nicht bei einem bösen Spuk, sondern es wurde bitterer Ernst. Anfang der dreißiger Jahre war auch Nürnberg mit großen wirtschaftlichen Problemen konfrontiert, welche die Menschen verzweifeln ließen und die Politik auf kommunaler Ebene nahezu vollständig handlungsunfähig machten. Jeder dritte Erwerbstätige war 1932 ohne Arbeit.

In dieser aufgeheizten und verzweifelten Atmosphäre gelang den Nationalsozialisten in Nürnberg beinahe der legale Sturz der liberal-sozialdemokratischen Stadtregierung. Nachdem bei der Landtagswahl 1932 erstmals die NSDAP mit 37 Prozent die SPD mit dreißig Prozent überflügelt hatte, strengten die Nationalsozialisten ein Volksbegehren zur Neuwahl des Stadtrates an, das allerdings die

48 Das Bildnis der Tänzerin Anita Berber von Otto Dix zeigt die Varietékünstlerin als Verkörperung von Glanz und Elend wilder Tage und Nächte in den zwanziger Jahren. Im Dürerjahr 1928 kaufte die Stadt das Bild für die Städtische Kunstsammlung. Nach 1933 wurde es als «entartet» ausgemustert. Ölgemälde von Otto Dix 1925.

Anhänger der Demokratie noch mit dreißigtausend Stimmen Mehrheit gewinnen konnten. Es war nun offensichtlich geworden, daß Nürnberg nicht mehr nur eine rote Hochburg, sondern mit Streicher auch eine braune Bastion geworden war. Dennoch konnte die NSDAP bei freien Wahlen in Nürnberg nie die absolute Mehrheit erlangen.

Auf kommunaler Ebene fand der Machtwechsel am 9. März 1933 statt, nachdem das für die NSDAP vergleichsweise günstige Wahlergebnis bei der Reichstagswahl auch auf den Nürnberger Stadtrat übertragen worden war. Die Nationalsozialisten organisierten einen Marsch durch die Stadt und drangen in öffentliche Gebäude ein, ohne daran gehindert zu werden. Hermann Luppe mußte seinen Urlaub antreten, wurde später verhaftet und wie sein Stellvertreter Martin Treu zum Rücktritt gezwungen. Auf dem Rathaus und auf der Nürnberger Burg wurde die Hakenkreuzfahne gehißt.

Eine Bilanz von vierzehn Jahren Stadtpolitik in der Weimarer Republik fällt, gerade wenn man die wirtschaftlichen Probleme berücksichtigt, sehr positiv aus. Es wurden der Not der Menschen nachhaltige Konzepte im Fürsorge- und Gesundheitswesen sowie beim Wohnungsbau entgegengesetzt. Nürnberg schien seinen Weg zwischen großer Geschichte und dem Tempo der modernen Zeit gefunden zu haben. Die Weimarer Republik hat bleibende Spuren in der Stadt hinterlassen, wie das Verkehrskonzept des Jansenplanes oder die großen Siedlungen in den Vorstädten. Ein Denkmal dieser Zeit befindet sich noch heute, weitgehend unbeachtet, in der Nürnberger Altstadt. An der Fassade des ehemaligen Arbeitsamtes beim Unschlittplatz steht eine zwei Meter große Arbeiterfigur aus Gußeisen, ein Werk des Nürnberger Bildhauers Konrad Roth. Die Figur ist wie das Gebäude Otto Ernst Schweizers Ausdruck der damaligen Bescheidenheit bei der eigenen Selbstdarstellung und Zeugnis eines sensiblen Umgangs des demokratischen Nürnberg mit dem historischen Erbe. Auch dies sollte sich von 1933 an gründlich ändern.

V. Von der «Stadt der Reichsparteitage» zur Trümmerwüste – Nürnberg im Nationalsozialismus

Offiziell begann die Herrschaft der Nationalsozialisten in Nürnberg am 27. April 1933. An diesem Tag wurde der gleichgeschaltete Stadtrat zu seiner ersten Sitzung im Großen Rathaussaal einberufen. Auf der Tagesordnung stand die Neuwahl des Oberbürgermeisters und seiner Stellvertreter, aber es sollte keine einfache Wahl, sondern ein pompöser Festakt zu Beginn des nationalsozialistischen Stadtregiments werden. In einer Mischung aus salbungsvollen Beschwörungen der Vergangenheit und unverhohlener Drohungen versuchte der Hauptredner Julius Streicher, den im Stadtrat verbliebenen Rest sozialdemokratischer Stadträte für die Wahl des neuen Oberbürgermeisters Willy Liebel zu gewinnen. Es ging ihm dabei vor allem um die Stimme Karl Brögers, der wegen seiner Gedichte über den Ersten Weltkrieg auch in nationalen Kreisen geschätzt wurde und der, so Streicher, «einmal den Weg in das Herz des neuen Deutschland hineinfinden» werde. Trotzdem gaben alle vierzehn sozialdemokratischen Stadträte bei der «Wahl» des Nationalsozialisten Willy Liebel zum Oberbürgermeister leere Stimmzettel ab, was Streicher zu einer zweiten, haßerfüllten Rede veranlaßte, in der er an die Adresse der SPD-Stadträte gewandt sagte: «Ein Feind, der sich offen bekennt, ist wunderbar zur Strecke zu bringen.»

Diesen Worten sollten Taten folgen. Noch im Rathaus wurde auf Karl Bröger mit einem Stuhlbein eingeprügelt, und Streicher kündigte an, die Sozialdemokraten «aus diesem Haus hinauszupeitschen», sollten sie noch einmal im Stadtrat erscheinen. Schließlich wurden die SPD und alle anderen Parteien mit Ausnahme der NSDAP verboten, hunderte Nürnberger wurden in das Konzentrationslager Dachau gebracht, darunter auch alle vierzehn Stadträte, die nicht für Liebel gestimmt hatten. Der von den Nationalsozialisten hofierte Dichter Karl Bröger war nach drei Monaten KZ ein gebrochener Mann.

Tatsächlicher oder vermuteter Widerstand wurde in den ersten Monaten nach der Machtergreifung mit brutaler Gewalt zerschlagen.

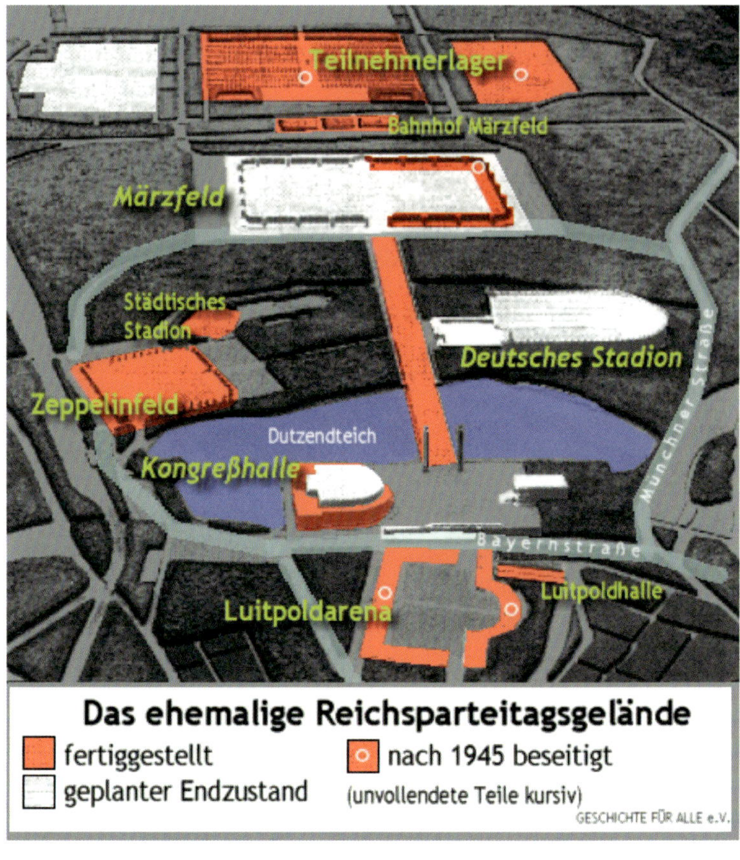

In der Nacht vom 9. auf den 10. März 1933 drangen SA-Mannschaften in das Haus der *Fränkischen Tagespost* ein und verwüsteten die Druckerei und die Parteizentrale der SPD. Nach dem Verbot der Gewerkschaften und der Besetzung des Hauses der Metallarbeitergewerkschaft in der Kartäusergasse am 2. Mai 1933 gab es keine freie Presse und abgesehen von den Kirchen keine großen Organisationen mehr, die gegen die Nationalsozialisten hätten Stellung beziehen können.

Die Stadtverwaltung und das öffentliche Leben wurden «gleichgeschaltet». Dies bedeutete, daß über 300 «Altkämpfer der nationalsozialistischen Bewegung» bei der Einstellung bevorzugt berücksichtigt wurden, und fast ebensoviele angeblich «national unzuverlässige» und «nichtarische» Mitarbeiter die Stadtverwaltung verlassen mußten. Zu ihnen zählten verdiente jüdische Ärzte im Dienste der Stadt, wie der Leiter der Hautklinik im städtischen Krankenhaus Ernst Nathan und der Stadtschularzt Julius Mainzer. Während Ernst Nathan 1939 nach New York emigrieren konnte, beendete Mainzer sein Leben in Deutschland durch Freitod. Die meisten städtischen Mitarbeiter blieben jedoch im Amt und paßten sich mehr oder minder an.

49 Das Reichsparteitagsgelände sollte ab 1933 auf elf Quadratkilometern im Nürnberger Südosten nach den Plänen von Albert Speer entstehen. Der Luitpoldhain wurde zur Luitpoldarena ausgebaut, 1935 legte man den Grundstein zur Kongreßhalle und bis 1937 wurde das Zeppelinfeld fertiggestellt. 1939 wurde für das letzte Bauprojekt des Reichsparteitagsgeländes, der SS-Kaserne (nicht im Bild), das Richtfest gefeiert. Ab Kriegsbeginn kam es zu keinen größeren Baumaßnahmen mehr. Grafik Jürgen Keller, Geschichte Für Alle e.V.

»Gleichschaltung» erfolgte aber auch von unten her. Ob im Sport- oder Musikverein, bei den evangelischen Kirchenvorständen, in Berufsverbänden oder bei der Industrie- und Handelskammer – zunehmend gaben Nationalsozialisten den Ton an, seien es alte Kämpfer oder die «Märzgefallenen», die angesichts der Erfolge der NSDAP bei den «Wahlen» im März 1933 der Partei in Scharen beigetreten waren.

Dieses Klima verschärfte sich mit der Machtübertragung an die Nationalsozialisten. Die städtische Volkshochschule wurde als «Judensaustall» im März 1933 geschlossen, bereits am 1. April 1933 organisierte Julius Streicher Boykottaktionen gegen jüdische Geschäfte, am Abend des 10. Mai wurden auf dem Hauptmarkt Bücher verbrannt, die nach Meinung der Nationalsozialisten «jüdisch-marxistisch, volkszersetzend und undeutsch» waren. Als eine der ersten Städte im Deutschen Reich zeigte Nürnberg im Mai 1933 eine Ausstellung unter dem Titel «Schreckenskammer», in der die wenigen Bilder der städtischen Sammlung, welche die Nationalsozialisten für modern oder jüdisch hielten, als «entartete Kunst» angeprangert wurden – ein Vorläufer der berühmt-berüchtigten Münchener Ausstellung des Jahres 1937.

50 Albert Speer baute die Luitpoldhalle zu einer Halle für die Parteikongresse der NSDAP um. Wichtiges Element seiner kulissenhaften Architektur waren schmückende Fahnen und Lichtinszenierungen vor den Natursteinfassaden. Fotografie der Firma Heinrich Hoffmann 1938.

An die Stelle der als «entartet» verleumdeten Kunst setzten die Nationalsozialisten eine angeblich deutsche Malerei, die einen prominenten Vertreter in dem Direktor der Nürnberger Kunstakademie Hermann Gradl hatte.

Schon in den ersten Monaten des «Dritten Reiches» kam es zu gewalttätigen Ausschreitungen gegen die Nürnberger Juden. Am 20. Juli 1933 wurden dreihundert Männer durch die Straßen Nürnbergs zu einem Sportplatz getrieben, wo sie mit den Zähnen Gras ausreißen mußten und geschlagen wurden. Von den über achttausend Juden und Jüdinnen verließen bereits in den ersten drei Monaten mehr als fünfhundert die Stadt.

Während Julius Streicher und seine Mitstreiter ihrem Judenhaß in der Propaganda, in Zeitungen – besonders in Streichers antisemitischem Hetzblatt *Der Stürmer* – und in Aktionen auf der Straße freien Lauf ließen, spielte Oberbürgermeister Willy Liebel den Biedermann und Lokalpatrioten. Dies war die andere, die Schauseite der «Stadt der Reichsparteitage» Nürnberg, mit der die Nationalsozialisten scheinbar Großes vorhatten.

Als Hitler am 1. September 1933 zum «Reichsparteitag des Sieges» nach Nürnberg kam, machte er der Stadt ein zweifelhaftes Geschenk. Nach den Parteitagen 1927 und 1929 in Nürnberg sollte die Stadt «für alle Zukunft» Ort der Reichsparteitage der NSDAP werden. Nürnberg hatte gute Verkehrsverbindungen, und man konnte sich auf die Parteiorganisation vor Ort verlassen – der Hauptgrund war jedoch, daß für Hitler Nürnberg wie keine andere Stadt deutsche Größe verkörperte. Nürnberg galt als «die deutscheste aller deutschen Städte.»

Kaum ein Ereignis hat das Bild Nürnbergs nachhaltiger im negativen Sinn geprägt als die alljährlichen Massenaufmärsche der Nationalsozialisten in der Stadt und auf dem nun entstehenden Reichsparteitagsgelände. Der Reichsparteitag 1933 wirkte noch improvisiert. Hitler sprach im Luitpoldhain und auf der Zeppelinwiese noch von Tribünen aus, die aus Holzbrettern gezimmert waren. Die nachfolgenden Veranstaltungen jedoch entwickelten sich zu eindrucksvollen Inszenierungen mit bis zu 400.000 Teilnehmern und Zuschauern, die eine Woche dauerten und sich nicht nur in der Innenstadt, sondern auch im «Neuen Nürnberg» auf dem Reichsparteitagsgelände abspielten.

Neben Aufmärschen, Fackelzügen, Reden und Paraden war von Anfang an eine Oper Teil des Programms. *Die Meistersinger von Nürnberg* wurden zum offiziellen Festspiel der Reichsparteitage und ihr Finale, die Festwiesenszene, als eine Art kleiner Reichsparteitag auf der Bühne inszeniert. Vor einer Kulisse, die an die fahnengeschmückte Luitpoldarena erinnerte, sang Hans Sachs «Verachtet mir die Meister nicht…», gemeint war Adolf Hitler als politischer Führer, welcher der Aufführung von der neu eingebauten Führerloge aus zusah.

Die Reichsparteitage waren aber nicht nur Propagandashow und nicht nur eine Art nationalsozialistischer Religionsersatz, sie waren auch eine politische Bühne. Dies zeigte sich bereits beim Reichsparteitag 1934, der nach der Ermordung des SA-Chefs Ernst Röhm die

51 Beim «Tag der Gemeinschaft» auf dem Zeppelinfeld führten junge Frauen des BdM-Werkes «Glaube und Schönheit» Tänze vor. So versuchten die Nationalsozialisten, auch Frauen einen Platz im Programm des Reichsparteitages zu geben. Dies änderte jedoch nichts daran, daß die Reichsparteitage eine von Männern dominierte Veranstaltung waren, die den Frauen nur eine untergeordnete Rolle zuerkannte. Fotografie 1938.

NS-Bewegung neu ordnen sollte, und die SS als neue Elite neben der Masse der SA-Männer präsentierte. Im Luitpoldhain, der inzwischen zur Luitpoldarena mit Tribünen und Rednerkanzel aus Stein ausgebaut war, stand nun nicht mehr Röhm beim Totengedenken neben Hitler, sondern der neue SA-Chef Victor Lutze und der Chef der SS Heinrich Himmler.

Das Bild der Reichsparteitage wurde vor allem vom Reichsparteitag 1934 geprägt, da Leni Riefenstahl damals ihren Propagandafilm «Triumph des Willens» drehte. Es war eine Auftragsarbeit, welche die Regisseurin zur vollsten Zufriedenheit Hitlers erfüllte. Sie lieferte keine Reportage von den Parteitagen, sondern eine Glorifizierung der nationalsozialistischen Bewegung und des «arischen» Körpers.

1935 verkündete Hermann Göring vor dem in Nürnberg tagenden Reichstag zwei Gesetze, die unter dem Namen «Nürnberger Gesetze» traurige Berühmtheit erlangten. Die Sitzung des Reichstages, in dem nur noch Nationalsozialisten in Uniform saßen, verlieh dem Reichsparteitag einen offiziellen Anstrich und lieferte den Vorwand, auch ausländische Diplomaten nach Nürnberg einzuladen, die zu einer reinen Parteiveranstaltung der NSDAP nicht gekommen wären. Nur brauchte das Pseudoparlament auch ein Thema für seine Sitzung, so daß in großer Eile das «Reichsbürgergesetz» und das «Gesetz zum Schutze des deutschen Blutes und der deutschen Ehre» zusammengeschrieben wurden. Eilig flog man aus Berlin Mitarbeiter des Justizministeriums ein, die im Klavierzimmer einer Nürnberger Villa bis spät nachts die Entwürfe für beide Gesetze nach den Vorgaben der NS-Führung immer wieder umarbeiteten. Selbst bei dem von Hitler unterzeichneten Orginaldokument, das heute im Stadtarchiv verwahrt wird, ist noch per Hand der mit der Schreibmaschine getippte Text in einer Formulierung korrigiert worden.

Jude im Sinne der Nürnberger Gesetze war, wer jüdische Großeltern hatte, unabhängig von seiner Konfession oder der seiner

Eltern. Je nach Anzahl der jüdischen Großeltern war man zu einem Viertel, zur Hälfte oder eben vollständig Jude im Sinne der Nürnberger Gesetze. Das «Reichsbürgergesetz» legte fest, daß Juden nur noch Staatsbürger zweiter Klasse waren. Das zweite, auch «Reichsblutschutzgesetz» genannte Nürnberger Gesetz griff brutal in den Alltag von Juden und Nichtjuden ein. Es verbot Eheschließungen und Liebesbeziehungen zwischen sogenannten Ariern und Juden. Von nun an wurden diese als «Rasseschande» verfolgt.

«In Nürnberg machten sie ein Gesetz/Darüber weinte manches Weib» – Bertolt Brecht beschrieb in seinem Gedicht *Ballade von der ‹Judenhure› Marie Sanders* die nun folgende Zeit der Bespitzelung und des üblen Geredes im Hausflur: «Marie Sanders, dein Geliebter/Hat zu schwarzes Haar./Besser, du bist heute nicht mehr/Wie du zu ihm gestern warst.»

Die Anwendung der Nürnberger Gesetze erlebte in der Stadt ihrer Verkündung einen furchtbaren Höhepunkt. 1941 wurde der Vorsitzende der jüdischen Kultusgemeinde, Leo Katzenberger, wegen einer angeblichen Liebesbeziehung zu einer Nichtjüdin von dem Sonderrichter Oswald Rothaug zum Tod verurteilt und hingerichtet.

Langsam wurden die Weichen in Richtung Krieg gestellt. Auf dem Reichsparteitag 1936 wurde der «Vierjahresplan» verkündet, der die deutsche Wirtschaft unabhängiger von ausländischen Importen machen sollte und die Industrie zunehmend auf die Rüstungsproduktion ausrichtete.

Der «Reichsparteitag Großdeutschland» 1938 führte ein nachhaltig verändertes Deutschland vor. Offen zeigte man wieder Waffen bis hin zu schweren Panzern, der Prototyp eines Hubschraubers flog über die Paraden auf dem Zeppelinfeld, Österreich wurde als Teil des neuen Großdeutschland begrüßt, und der «Lichtdom» faßte dies als «Volksgemeinschaft» in einer eindrucksvollen Inszenierung zusammen. Dennoch war immer vom Frieden die Rede – bis zuletzt.

Der «Reichsparteitag des Friedens» wurde für September 1939 noch angekündigt, jedoch kurzfristig wieder abgesagt. Statt auf dem Zeppelinfeld Paraden abzuhalten, marschierte die deutsche Wehrmacht in Polen ein – die Zeit der Reichsparteitage war damit vorbei.

52 Die aufwendigste Inszenierung der Reichsparteitage war der «Lichtdom» um das Zeppelinfeld beim Appell der politischen Leiter. Flakscheinwerfer wurden um das Aufmarschfeld herum aufgestellt und bildeten mit ihren Strahlen einen Lichtraum, der symbolisch die Teilnehmer des Reichsparteitages als Volksgemeinschaft zusammenfaßte. Fotografie 1937.

Als Hitler 1933 Nürnberg zur «Stadt der Reichsparteitage» bestimmte, forderte er von der Stadtverwaltung, welche die Dimensionen des Projekts zunächst nicht begriff, die Planungen nicht an ein paar alten Bäumen im Luitpoldhain scheitern zu lassen. Erst als Albert Speer 1934 eine Gesamtplanung für das Gelände vorlegte, wurde allen Beteiligten bewußt, was hier entstehen sollte: Nürnbergs bis dahin größtes Bauprojekt. Die bereits vorhandenen Teile des Geländes, Luitpoldarena, Zeppelinfeld und die von Ludwig Ruff geplante Kongreßhalle, wurden mit völlig neuen Gebäuden zu einem Gesamtgelände zusammengefügt. Zunächst versah man das Zeppelinfeld mit einer neuen steinernen Haupttribüne und Zuschauerrängen, die bis 1937 vollendet waren. Hinzu kamen die Große Straße als Paradestraße für die Wehrmacht, die zum neu entstehenden Märzfeld, das für Schaumanöver der Wehrmacht gedacht war, führen sollte. Mehr als doppelt so groß wie die Kongreßhalle sollte das Deutsche Stadion werden, das als «größtes Stadion der Welt» über 400.000 Zuschauern Platz geboten hätte.

Schließlich plante man für die Kongreßhalle ein neues, wenn auch etwas kümmerlich geratenes Gegenüber: einen kleinen Bauklotz, die Halle für die Kulturreden Hitlers. In einem langgezogenen Ausstellungsbau sollten die alljährlichen Propagandaausstellungen für die Reichsparteitage stattfinden. Das städtische Stadion schließlich war als Stadion der Hitler-Jugend einbezogen. Dort fiel Hitlers berühmter Satz über die deutschen Jungen, die «flink wie die Windhunde, zäh wie Leder und hart wie Krupp-Stahl» sein sollten.

Der Gesamtplan blieb Stückwerk, nicht mehr als ein Versuch, bereits bestehende Geländeteile mit Neuplanungen zu einer Einheit zu verbinden. Da Zeppelinfeld, Kongreßhalle und Luitpoldarena schräg zueinander lagen, Speer aber alles symmetrisch der Achse der Großen Straße zuordnen wollte, konnte dies auch nicht gelingen. Nicht im Plan vorgesehen war zunächst die SS-Kaserne, die etwas abseits von Luitpoldarena und Kongreßhalle ab 1937 an der heutigen Frankenstraße entstand. Vollendet wurden von dem großen Plan nur die Luitpoldarena, die Große Straße und das Zeppelinfeld mit Haupttribüne sowie die SS-Kaserne. Bauruine blieb die Kongreßhalle, während vom Märzfeld lediglich Teile errichtet und vom Deutschen Stadion nur die Baugrube ausgehoben wurden.

Äußerlich sollten die Bauten vom Großdeutschen Reich künden, sie waren als «Worte aus Stein» gedacht und orientierten sich an klassischen Vorbildern. Der Ewigkeitscharakter dieser Architektur wurde nicht nur durch ihre Monumentalität, sondern auch durch das Baumaterial Naturstein ausgedrückt. Besonders beliebt war Granit, der allerdings zunehmend unbezahlbar wurde und für die zahlreichen Bauvorhaben nicht ausreichend vorhanden war. Die SS verfiel daher auf den Plan, mit KZ-Häftlingen eine eigene Granitindustrie aufzubauen. Die Konzentrationslager Flossenbürg, Mauthausen, Großrosen und Natzweiler wurden deshalb bei Granitsteinbrüchen angelegt. Sie lieferten Granit auch für das Reichsparteitagsgelände. Die Arbeit in den Steinbrüchen gehörte zu den mörderischsten Kommandos in den Konzentrationslagern.

Oberbürgermeister Willy Liebel nutzte Nürnbergs neue Rolle auch zu Baumaßnahmen in der Innenstadt. Die gesamte Altstadt wurde herausgeputzt oder «entschandelt», wie man damals sagte. Das hatte zum Teil sinnvolle Bau- und Renovierungsmaßnahmen zur Folge, wie die Stabilisierung der vielfach überwucherten Stadtmauer oder die Restaurierung von Fachwerkhäusern. Es entstand eine glatte Fassade «Alt»-Nürnbergs, die man durch Rückbau auf einen als altdeutsch geltenden Zustand erzeugte. Dazu paßte die Verlagerung des Christkindlesmarktes, der zuvor auf der Insel Schütt stattgefunden hatte, auf den Hauptmarkt im Dezember 1933. Nürnberg inszenierte sich selbst als Sinnbild deutscher Kunst und Kultur des Mittelalters und wurde dabei von den Machthabern, die eine solche Kulisse für die Reichsparteitage brauchten, unterstützt. Ein Höhepunkt dieser Bemühungen war nach dem «Anschluß»

Österreichs im Jahr 1938 die «Heimholung» der Reichskleinodien nach Nürnberg. Sie blieben allerdings nur sieben Jahre in der «Stadt der Reichsparteitage» und waren die meiste Zeit in einem Kunstluftschutzbunker unterhalb der Burg untergebracht. Die US-Army brachte 1945 den Kronschatz wieder nach Wien zurück.

Die nationalsozialistische Stadtverwaltung hatte bei der Altstadtsanierung nicht nur deren Erhalt im Sinn, wie dies in der Weimarer Republik noch der Fall gewesen war, sondern verfolgte ideologische Ziele, zu denen auch ein aggressiver Antisemitismus gehörte, wie der Abriß der Nürnberger Hauptsynagoge am Hans-Sachs-Platz zeigte. Am 8. August 1938 hielt Julius Streicher vor dem Hauptportal der Synagoge eine Rede, lobte die Judenverfolgungen des Mittelalters und verdammte die religiöse Toleranz, die sich im 19. Jahrhundert durchgesetzt hatte. Mit den Worten «Fanget an», die er dem Wettstreit der Meistersinger entnommen hatte und mit denen er einen Bezug zu dem als besonders deutsch angesehenen Hans Sachs und dessen benachbartem Denkmal herstellte, begann mehr als drei Monate vor der Pogromnacht der Synagogenabriß.

Nürnberg verfügte allerdings nur wenige Jahre über die von den Nationalsozialisten «entschandelte» Altstadt. Sehr viel mehr als ein Holzmodell im Stadtmuseum Fembohaus und Fotografien sind davon nach dem Zweiten Weltkrieg nicht übriggeblieben.

Während sich Nürnberg als Stadt der Reichsparteitage und Tourismusziel herausputzte, ging die Hetze gegen die Nürnberger Juden weiter. Die Verkündung der «Rassegesetze» gerade in Nürnberg wurde von Beobachtern im Ausland auf die ruhelose Propaganda Streichers zurückgeführt. Es verwundert daher nicht, daß auch die Pogromnacht in Nürnberg außergewöhnlich gewalttätig verlief. Nach der Ermordung eines deutschen Diplomaten in Paris durch einen Juden und dem Befehl Joseph Goebbels', nun gegen die deutschen Juden loszuschlagen, rief der örtliche SA-Führer Hanns Günther von Obernitz am Abend des 9. November 1938 seine SA-Trupps auf dem Hauptmarkt, dem damaligen Adolf-Hitler-Platz, zusammen. Sie zogen zunächst in die Essenweinstraße und steckten dort die orthodoxe Synagoge in Brand. Danach stürmten die SA-Männer Straße für Straße die jüdischen Geschäfte und Wohnungen. Sie prügelten auf die Juden ein, die sie antrafen, und verwüsteten

53 In der Nacht vom 9. auf den 10. November 1938 zündeten SA-Männer die Synagoge in der Essenweinstraße an. In der Mitte des Raumes ist der verkohlte Almemor zu sehen, von dem aus beim Gottesdienst aus der Thora vorgelesen wurde. In Nürnberg verlief die «Reichskristallnacht» besonders gewalttätig. Fotografie 1938.

Hausrat und Geschäftseinrichtungen. Glas und Porzellan wurden zerschmissen, Möbel auf die Straße geworfen, die Bettwäsche aufgeschlitzt. Die jüdischen Männer unter sechzig Jahren wurden verhaftet und später ins Konzentrationslager Dachau gebracht. Neun Juden wurden von der SA ermordet, weitere zehn, darunter der verdiente Tuberkulosearzt Alexander Frankenburger, nahmen sich aus Verzweiflung das Leben. In keiner anderen deutschen Stadt hat es so viele Tote in dieser Nacht gegeben wie in Nürnberg.

Auch in der «Stadt der Reichsparteitage» gab es vereinzelt Widerstand. Die Organisationsstrukturen der Arbeiterbewegung waren 1938 jedoch bereits zerbrochen. Vereinzelt hatten sich Gruppen und Grüppchen noch zu gemeinsamem Gedankenaustausch getroffen. In der Zeit nach 1933 wurden Flugschriften aus der Tschechoslowakei eingeschmuggelt und illegal verteilt. Viele Genossen aus SPD und KPD waren aber schon 1933 in die Konzentrationslager verschleppt worden, es gab Schauprozesse gegen angebliche «Hetzer», «Verräter» und «SPD-Lumpen». Beide Parteien verloren in den Konzentrationslagern zahlreiche verdiente Frauen und Männer, und wer freikam, konnte es in der Regel nicht mehr wagen, gegen den Nationalsozialismus zu arbeiten, sondern konzentrierte sich darauf, ihn zu überstehen. So kam es, daß der politische Neuanfang nach 1945 zu einem Teil von Menschen geprägt war, die den Aufenthalt in einem Konzentrationslager als Häftling erlebt hatten.

Eine Widerstandsgruppe um Karl Tröger und Joseph E. Drexel, die Ernst Niekisch nahestanden, konnte sich bis 1937 halten. Auch die KPD versuchte, in Nürnberg eine illegale Organisation aufzubauen, was aber immer nur für kurze Zeit gelang. Letztlich konnten diese Aktivitäten das Regime nicht gefährden und blieben auch auf lokaler Ebene wirkungslos. Ganz anders wäre wohl die Geschichte der Reichsparteitage verlaufen, hätte Helmut Hirsch Erfolg gehabt. Der jüdische Student aus Stuttgart plante 1936 einen Sprengstoff-

anschlag auf die Zeppelintribüne und hoffte Hitler oder zumindest Streicher tödlich zu treffen. Er wurde jedoch schon längere Zeit von der Gestapo beobachtet und kam nicht einmal zu ernsthaften Vorbereitungen seines Planes. Am 4. Juni 1937 wurde Helmut Hirsch in Berlin hingerichtet. Es blieb der einzige Attentatsversuch während der Reichsparteitage.

Für manchen evangelischen Pfarrer war mit der Pogromnacht 1938 endgültig das Ausmaß an Gewalt überschritten, zu dem man noch hätte schweigen können. Man vereinbarte, in den Gottesdiensten am 16. November 1938 feierlich die Zehn Gebote zu verlesen. Pfarrer Wilhelm Geyer wurde in der Lorenzkirche noch deutlicher, als er sagte: «Wir sind ins Innerste hinein erschüttert über manches, was in den letzten Tagen in unserer Stadt und in ganz Deutschland geschehen ist. Viel Sünde und Unrecht ist in unserem Volk und viel Abfall.» Die vereinzelten und mutigen Proteste änderten aber nichts daran, daß sich die evangelische Kirche insgesamt auch in Nürnberg als Stütze des nationalsozialistischen Staates erwies.

Auch die Nürnberger Katholiken waren überwiegend am Fortbestand ihrer Kirchenorganisation und ihrer Religionsausübung interessiert. So ist ein Protest gegen die Pogromnacht von katholischer Seite in Nürnberg nicht bekannt. Ein mutigerer Kirchenmann bekam allerdings ernsthafte Schwierigkeiten mit dem nationalsozialistischen Staat. Gegen den Jesuitenpater Alois Jung, Pfarrer an der Kirche St. Kunigund in Gleißhammer, wurde ein zweijähriger Prozeß geführt, weil er verschiedene Schriften und Flugblätter verbreitet hatte, die aus katholischer Sicht die nationalsozialistische Kirchenpolitik und insbesondere die inszenierten Sittlichkeitsprozesse gegen katholische Pfarrer kritisierten. Pater Jung wurde zu zwei Jahren und acht Monaten Gefängnis verurteilt.

Nach dem 9. November 1938 wurden Juden mit Vermögen oder Grundbesitz durch Einschüchterungen, zum Teil in Form von körperlicher Gewalt, gezwungen, ihren Besitz zu einem Bruchteil des Wertes abzugeben. Die Clique um Streicher und den stellvertretenden Gauleiter Karl Holz bereicherte sich selbst dabei in schamloser Weise. Nicht nur Häuser, sondern auch Klaviere, Autos, Aktien, Bargeld und Schmuck wechselten auf diese Weise den Besitzer. Eigenmächtiges Handeln vor Ort in diesem Ausmaß wurde auf

Reichsebene nicht mehr hingenommen. Hermann Göring setzte eine Untersuchungskommision zur «Holz-Aktion» ein, welche die Machenschaften der Gauleitung Franken aufdeckte. Dies geschah freilich nicht zugunsten der Juden, die ihren Besitz nun nicht an Streicher, sondern an das Deutsche Reich oder nichtjüdische Privatunternehmer verloren und denen nun oft die finanziellen Mittel für eine Emigration aus Deutschland fehlten.

Der Bericht der Göring-Kommission trug neben persönlichen Feindschaften und Intrigen innerhalb der nationalsozialistischen Führung entscheidend dazu bei, daß Julius Streicher als Gauleiter 1940 abgesetzt wurde und von da an auf seinem Gut Pleikershof bei Fürth ein zurückgezogenes Leben führen mußte.

Nürnberg im Zweiten Weltkrieg

Der Zweite Weltkrieg begann für die meisten Nürnberger überraschend. Noch im Sommer 1939 hatten die Zeitungen ausführliche Artikel von den Vorbereitungen für den «Reichsparteitag des Friedens» veröffentlicht. Am 27. August wurde der Parteitag mit einer knappen Meldung abgesagt, und von diesem Zeitpunkt an war nichts mehr davon in der Zeitung zu lesen; stattdessen stand die Lage angeblich «unterdrückter Volksdeutscher» in Danzig und Westpolen im Mittelpunkt der Berichterstattung. Am 2. September 1939 titelte schließlich die *Nürnberger Zeitung*: «Der Vormarsch rollt!»

Während der Krieg weit weg in Polen, Frankreich und schließlich auch in der Sowjetunion geführt wurde, veränderte die Stadt Nürnberg ihr Gesicht. Im Rahmen des Kunstluftschutzes verschwanden viele Kunstwerke in den Bunkern, Kirchenportale wurden mit Holzplanken verschalt, der schöne Brunnen mit einem Betonzylinder umgeben.

Es «verschwanden» aber nicht nur die Kunstwerke. Noch immer gab es in der «Stadt der Reichsparteitage» Juden und Jüdinnen, ihre Zahl war aber von über 8.000 im Jahr 1933 auf 2.700 zu Beginn des Jahres 1940 geschrumpft. Über 5.000 Nürnberger Juden waren entweder in andere Städte gezogen oder versuchten ins Ausland zu kommen, auf legalem oder illegalem Weg. Bis 1939 war immerhin 2.500 Menschen legal die Emigration aus Nürnberg ins Ausland

54 In sieben Deportationszügen wurden die Nürnberger Juden und Juden aus dem nordbayerischen Raum vom Sammellager Langwasser aus in die Konzentrationslager deportiert. Die Deportation sollte möglichst abgeschirmt von der Öffentlichkeit vor sich gehen. Von den 1.631 Deportierten haben nur wenige überlebt. Fotografie 27. November 1941.

gelungen, davon über tausend in die USA. Diejenigen, die zurückgeblieben waren, führten ein menschenunwürdiges Leben. Sie durften unter anderem kein öffentliches Bad besuchen, keine Haustiere halten und keine Straßenbahn benutzen, sie hatten nur in bestimmten Geschäften zu vorgegebenen Zeiten die Erlaubnis einzukaufen und erhielten Lebensmittel wie Fleisch oder Fisch überhaupt nicht mehr. Ab dem 15. September 1941 mußten sie auf der Straße den gelben Judenstern an der Kleidung tragen.

Das religiöse und organisatorische Zentrum der Nürnberger Juden war das Fabrikgebäude der ehemaligen Blechspielwarenfabrik Lewy in der Oberen Kanalstraße 25. Dort wurden Gottesdienste gefeiert und, solange es noch erlaubt war, sogar Theater-, Konzert- und Kinoveranstaltungen des Jüdischen Kulturbundes geboten. Es war dies ein letzter Rest jüdischen Kulturlebens in Nürnberg.

Seit 1939 wurden die Juden aus ihren Wohnungen vertrieben und auf «Judenhäuser» konzentriert, wo sie eng zusammengedrängt leben mußten. So wurde Wohnraum frei, den vorzugsweise «verdiente» Nationalsozialisten erhielten. Nicht nur sie, sondern auch mancher Nachbar bereicherte sich am Besitz der Juden und sicherte sich Möbel, Tafelsilber oder Kleidung. Die über fünfzig «Judenhäuser» waren die ersten Sammellager vor den Deportationen in die Konzentrationslager. Allein aus einem dieser Häuser, der Knauerstraße 27 in Gostenhof, wurden mindestens 145 Menschen in die Konzentrationslager gebracht.

Zwischen 1941 und 1944 fuhren aus Nürnberg sieben Deportationszüge mit insgesamt 1.631 Juden und Jüdinnen in die Konzentrationslager, die 1.516 der Deportierten nicht überlebten. Mit den Menschen, die Selbstmord begingen, den Nürnbergern, die aus anderen Städten deportiert wurden, den jüdischen Opfern von Euthanasie und politischen Morden sowie den jüdischen Opfern der NS-Justiz fielen der Shoa insgesamt 2.332 Juden und Jüdinnen aus Nürnberg zum Opfer.

Der Krieg rückte nun für Nürnberg bedrohlich nah. Nachdem er sich mehr als zwei Jahre nur durch Rationierungen, Siegesmeldungen, Todesanzeigen und Vorbereitungen für den Luftschutz im Alltag bemerkbar gemacht hatte, erlebte die «Stadt der Reichsparteitage» am 29. August 1942 ihren ersten schweren Luftangriff. Es gab 136 Tote, über 150 Wohnhäuser wurden total zerstört. Ziel der Luftangriffe waren die Menschen, die Verkehrswege und die Nürnberger Rüstungsindustrie.

Das Leben in der Stadt änderte sich durch den Krieg grundlegend, nicht zuletzt auch in der Arbeitswelt. Die Männer fehlten in den Betrieben, bei Post und Straßenbahn. Ihren Platz sollten nun, entgegen der nationalsozialistischen Familienideologie, Frauen als «Arbeitskameradinnen» einnehmen. Schaffnerinnen, Postbotinnen und auch Rüstungsarbeiterinnen gehörten von nun an zum Straßenbild. Der Einsatz von Frauen genügte der Nürnberger Rüstungsindustrie jedoch nicht, um ihre Produktion aufrecht erhalten zu können.

Motorräder, Lastwagen und Panzer, aber auch Flugzeugmotoren, Kabel aller Art, Zünder und Bomben für die Wehrmacht kamen aus Nürnberg. Firmen wie Faun, Diehl, Siemens-Schuckert, MAN, Kabel-Metall-Neumeyer, Nürnberger Aluminiumwerke (Nüral) – insgesamt etwa 130 Betriebe – arbeiteten für die Kriegsrüstung. So wurden ab 1939 Menschen aus ganz Europa nach Nürnberg gebracht. Insgesamt hielten sich über 100.000 Fremd- und Zwangsarbeiter für kurze oder längere Zeit im Raum Nürnberg auf.

Gegen Ende des Krieges war der Industrie jede Arbeitskraft recht. Im Oktober 1944 holten sich die Siemens-Schuckert-Werke in Auschwitz 550 jüdische Frauen und Mädchen als Arbeiterinnen – die jüngste war 14 Jahre alt. Sie wurden in einem firmeneigenen Lager in der Katzwanger Straße gegenüber dem Südfriedhof untergebracht und mußten im Lager selbst, im Trafowerk und im Zählerwerk an der Gugelstraße arbeiten. Für ihre schwere Arbeit waren die Frauen ungenügend gekleidet und ernährt, pro Tag gab es nur ein Stück Brot und einen Teller Suppe. Nach schweren Zerstörungen im Werk wurden die Frauen zuerst im Keller der Schule Zeltnerstraße untergebracht und mußten im Bereich der Siemens-Hauptverwaltung am Opernhaus Trümmer räumen. Später brachte man sie in zwei KZ-Außenlager, nach Holleischen und Mehlteuer, wo sie schließlich befreit wurden.

Der Einsatz von Zwangsarbeitern und KZ-Häftlingen in der Kriegswirtschaft konnte die totale Niederlage Deutschlands nicht aufhalten. Dies zeigte sich auch in Nürnberg, das nahezu schutzlos dem Bombenkrieg preisgegeben war. Über vierzig Mal war Nürnberg Ziel der alliierten Bomber. Besonders die elf Großangriffe von 1943 bis 1945 legten die Stadt in Schutt und Asche. Bei diesen Angriffen waren meist mehrere hundert, manchmal aber auch über tausend Tote zu beklagen. Ende August 1943 brannte nach einem Luftangriff im ersten Flächenbrand des Zweiten Weltkrieges die alte Vorstadt Wöhrd mit ihren Fachwerkhäusern ab. Ein Jahr später, im September 1944, griffen die Bomber erstmals bei Tag an; die deutschen Luftstreitkräfte hatten nichts Entscheidendes entgegenzusetzen.

Am 4. Juni 1944 erlebte der Hauptmarkt als Adolf-Hitler-Platz seine letzte große Propagandaveranstaltung der Nationalsozialisten. Propagandaminister Joseph Goebbels hielt eine Durchhalterede. Er beschwor in der schon teilweise zerstörten Stadt das «unerschütterliche Treuegefühl zum Führer» und schloß mit den Worten «Führer befiehl wir folgen!» Die Zerstörungen des Krieges verharmloste der Propagandaminister, kalkulierte für den Wiederaufbau der Stadt ein Jahr und bilanzierte: «Was bedeutet ein Jahr in der Geschichte Nürnbergs ... ? Gar nichts! Spielt keine Rolle!»

Der 2. Januar 1945 schließlich brachte nicht nur die völlige Zerstörung eines Großteils der Altstadt in einem Flammenmeer, sondern forderte darüber hinaus 1.829 Tote. Dieser Tag hat sich als das Datum des verheerendsten Angriffes auf Nürnberg während des Zweiten Weltkrieges in das Gedächtnis der Stadt eingegraben.

Die letzten Kämpfe um die «Stadt der Reichsparteitage» im April 1945 dauerten fünf Tage. Es war ein Kampf um eine Trümmerwüste, der noch einmal fast eintausend Menschen auf amerikanischer und deutscher Seite das Leben kostete. Zuletzt versuchte der unverbesserliche Rest der nationalsozialistischen Stadtregierung, Nürnberg an der mittelalterlichen Stadtmauer zu verteidigen; schließlich schoß man aus dem Polizeipräsidium am Ludwigsplatz auf die amerikanischen Truppen. In diesen letzten Tagen starben auf dem Gelände des Polizeipräsidiums Gauleiter Karl Holz und Oberbürgermeister Willy Liebel.

Als am 20. April 1945, an Hitlers Geburtstag, auf dem Hauptmarkt die amerikanische Siegesparade stattfand, waren die zwölf Jahre Nationalsozialismus für Nürnberg vorbei. Es war in diesen Jahren viel von deutscher Größe und von der großen Geschichte Nürnbergs samt ihren Zeugnissen die Rede gewesen. Die Überlebenden standen vor einem Trümmerhaufen.

YMCA
GERMANISCHES NATIONALMUSE

VI. Von den Nürnberger Prozessen zur Stadt der Menschenrechte Nürnberg 1945 bis 2020

Trümmerwüste und Nürnberger Prozesse

Im Jahr 1945 besuchte Thomas Mann das verwüstete Nürnberg und notierte in sein Tagebuch: «Nie vergesse ich, wie uns im hoffnungslos ruinierten Nürnberg der alte Museumsdirektor auf die Spur führte, damit wir den Blick auf die Stadt genössen. ‹Der Turm, der Brunnen dort›, sagte er mit zitternder Stimme, ‹sehen Sie nur, sie stehen noch. Die Stätten des Dürer-, des Pirckheimerhauses, die sind noch erkennbar, nicht wahr? Die Handschrift ist es doch noch, gewissermaßen ist es doch noch alles da ...› Nichts war mehr da, aber er beredete sich, es noch zu sehen. Es war zum Weinen.» In Nürnberg lagen 10,7 Millionen Kubikmeter Trümmerschutt – eine der am stärksten zerstörten Städte in Deutschland.

Die Militärregierung berief, nachdem zunächst der Nationalsozialist Walter Eickemeyer zum Zuge gekommen war, den unbelasteten Sozialdemokraten Martin Treu zum Oberbürgermeister. Treu war bereits von 1920 bis 1933 Stellvertreter von Oberbürgermeister Hermann Luppe gewesen. Angesichts der drängenden Alltagsprobleme, des Lebens mit Marken und in provisorischen Behausungen, interessierten sich die meisten Menschen nur am Rande für die Entnazifizierung und die Abrechnung mit dem Nationalsozialismus. Sie wurden allerdings von den Amerikanern mit dem berühmten Fragebogen und durch die Spruchkammern gezwungen, sich mit den letzten zwölf Jahren auseinanderzusetzen. Letztlich war die Entnazifizierung jedoch eine große «Mitläuferfabrik», die viele Menschen davonkommen ließ, die es nicht verdient hatten.

Die Alliierten und später die Amerikaner machten in den Jahren 1945 bis 1949 allerdings ernst mit der Aufarbeitung der Vergangenheit. Nürnberg wurde nicht als die Trümmerstadt, sondern als Stadt der Nürnberger Prozesse in der ganzen Welt zum Begriff. Die Amerikaner wollten diesen Prozeß in ihrer Zone und nicht in der Viermächtestadt Berlin führen. Nürnberg bot als einzige Stadt in der US-

55 1945 war die Altstadt zu neunzig Prozent zerstört. Nach der Räumung der Straßen bewegten sich die Menschen, wie hier durch die Plobenhofstraße Richtung Hauptmarkt, zwischen Trümmerbergen und Ruinen. Trotzdem entschieden sich die Nürnberger für einen Wiederaufbau nach dem Vorbild der alten Stadt. Fotografie von Ray D'Addario um 1946.

Zone ein intaktes Gefängnis mit direkt anschließendem Gerichtsgebäude. So wurde im Schwurgerichtssaal 600 an der Fürther Straße Weltgeschichte geschrieben. Der am 20. November 1945 eröffnete Hauptkriegsverbrecherprozeß gegen 22 Angeklagte, unter ihnen Hermann Göring, Albert Speer und Julius Streicher, sowie die zwölf Nürnberger Nachfolgeprozesse gegen die Eliten des nationalsozialistischen Deutschland zählen zum positiven Traditionsbestand der Nürnberger Geschichte, auch wenn die Nachkriegsgesellschaft dies bis in die 1970er Jahre anders bewertete. Nicht zuletzt der Berichterstattung wegen hatte die amerikanische Militärregierung die von Joseph E. Drexel gegründeten *Nürnberger Nachrichten* als demokratisches Blatt schon im Oktober 1945 lizenziert.

Am 1. Oktober 1946 verkündete das Gericht die Urteile im Hauptkriegsverbrecherprozeß und verhängte zwölf Todesurteile und in sieben Fällen Gefängnisstrafen. Drei Angeklagte sprach das Gericht frei. In den zwölf Nachfolgeprozessen gegen Juristen, Militärs, Ärzte, Industrielle, hochrangige Mitarbeiter von Ämtern und Ministerien oder SS-Kommandeure von Einsatzgruppen, die von 1946 bis 1949 nur noch vor US-Militärgerichten verhandelt wurden, erging bei 24 der 185 Angeklagten ein Todesurteil; vollstreckt wurden lediglich 13. Im Juristenprozeß wurde Oswald Rothaug, der im selben Saal sechs Jahre zuvor den Vorsitzenden der jüdischen Gemeinde Leo Katzenberger in den Tod geschickt hatte, für diesen Justizmord zu lebenslanger Haft verurteilt. Im Dezember 1956 war Oswald Rothaug wieder auf freiem Fuß.

Das Interesse der Weltöffentlichkeit und auch die Aufmerksamkeit der Nürnberger erlahmte nach der Urteilsverkündung im Hauptkriegsverbrecherprozeß. Der Blick war nach vorn gerichtet, und es gab in der Tat viele drängende Probleme, vor allem die Frage, wie Nürnberg wiederaufgebaut werden sollte.

Wiederaufbau und Trabantenstadt

Drei Jahre nach Kriegsende fiel die Entscheidung zugunsten eines Wiederaufbaus weitgehend nach den alten Stadtstrukturen, wie es die Architekten Heinz Schmeißner und Wilhelm Schlegtendal vorgeschlagen hatten. Beide hatten schon vor 1945 in Diensten der Stadt gestanden und bereits im Auftrag von Albert Speer sowohl ein nationalsozialistisches Gauforum für die Stadt geplant als auch über den Wiederaufbau Nürnbergs nachgedacht. 1948 gewannen sie den Wettbewerb zum Wiederaufbau der Nürnberger Altstadt, den Schmeißner als Baureferent der Stadt von 1949 bis 1970 entscheidend prägte. Innerhalb der Stadtmauern entstand so eine neue Altstadt ohne Hochhaus und Flachdach in eher unauffälliger Architektur, die sich mit der erhaltenen historischen Bausubstanz zu einem mittelalterlichen Gesamteindruck zusammenfügte. In den 1950er Jahren waren die spitzgiebeligen Häuser beim Verputz, bei Fenstern und Türen meist noch mit Liebe zum Detail gestaltet, während in den 1960er und 1970er Jahren die Architektur immer mehr verflachte.

Der Streit um das richtige Bauen in der Altstadt erregte seit 1945 immer wieder die Gemüter: Der Bau des Kaufhofes im Jahr 1950,

56 Auf der Anklagebank des Nürnberger Hauptkriegsverbrecherprozesses saßen auch zwei Personen, die in besonderer Weise mit Nürnberg verbunden waren: Julius Streicher, der Gauleiter von Franken und Herausgeber des «Stürmer» (untere Reihe, zweiter von rechts) und Albert Speer, der Architekt des Reichsparteitagsgeländes und spätere Rüstungsminister (obere Reihe, zweiter von rechts). Fotografie von Ray d'Addario 1946.

der von manchen als Verschandelung der Lorenzer Altstadt gesehen wurde, war der Auslöser für die Gründung der Altstadtfreunde. Diese mißbilligten auch den Neuaufbau des Pellerhauses im Jahr 1957 – eines der prächtigsten deutschen Bürgerhäuser aus der Zeit um 1600 – durch die Architekten Fritz und Walter Mayer. Die gelungene Symbiose aus alter und neuer Architektur wurde 1998 unter Denkmalschutz gestellt. Die bereits in den 1950er Jahren erhobene Forderung nach einer Rekonstruktion des Pellerhauses griffen die Altstadtfreunde 2018 wieder auf. Eine Mehrheit in der Stadtgesellschaft fanden sie dabei aber nicht. Mit nahezu 6.000 Mitgliedern hat sich der Verein jedoch um den Erhalt historischer Bausubstanz große Verdienste erworben.

Nicht nur der Wiederaufbau Nürnbergs ist insgesamt eine bemerkenswerte architektonische Leistung; auch die städtebauliche Gestaltung der neuen Trabantenstadt Langwasser im Südosten Nürnbergs, der größten Stadterweiterung nach 1945 in der Bundesrepublik, hat überregionales Interesse verdient. Mit der Eröffnung des ersten Teilstücks der U-Bahn im Jahr 1972 wurde aus der Trabantenstadt ein gut angebundener Stadtteil, in dem heute etwa 35.000 Menschen leben; mit dem Baugebiet P entstand in Langwasser das bundesweit erste autofreie Wohnviertel.

Auf dem südlichen Teil des ehemaligen Reichsparteitagsgeländes errichtet, war der neue Stadtteil in den Anfangsjahren geprägt von Flüchtlingslagern, in denen sudetendeutsche und schlesische Heimatvertriebene lebten. In dem mitten in Langwasser gelegenen Valka-Lager waren von 1945 bis zu seiner Auflösung 1960 zeitweise dichtgedrängt 4.500 Menschen untergebracht, vorrangig Displaced Persons aus dem Baltikum und anderen Ostblockstaaten. Von 1954 bis 1960 diente das Lager als Bundessammellager für Ausländer. Später entstand daraus das heute in Nürnberg ansässige Bundesamt für Migration und Flüchtlinge.

Maßgeblich beteiligt am Aufbau Langwassers war der Wiederaufbaureferent und spätere Oberbürgermeister Andreas Urschlechter. In seine dreißigjährige Amtszeit fallen der Ausbau der Verkehrswege der Stadt mit U-Bahn, S-Bahn und Rhein-Main-Donau-Kanal sowie der Neubau des Messezentrums im Jahr 1970. Die Nürnberg Messe zählt heute zu den führenden Messegesellschaften weltweit. Die U-Bahn verfügte in Nürnberg und der Nachbarstadt Fürth im Jahr 2020 über drei Linien mit einem Streckennetz von mehr als 38 Kilometern. Seit 2008 ist auf einer der Linien die erste fahrerlose U-Bahn Deutschlands in Betrieb. Die größte Überraschung in der Nutzung des Rhein-Main-Donau-Kanals stellt wohl die Entwicklung der Personenschiffahrt dar. Seit Mitte der 1990er Jahre erleben Flußkreuzfahrten mit internationalen Gästen einen ungeahnten Boom. Eine wichtige Rolle in der Verkehrsinfrastruktur Nordbayerns kommt heute dem Nürnberger Flughafen zu, der seine Kapazitäten nach und nach auf etwa 4,5 Millionen Fluggäste im Jahr 2018 aus-

bauen konnte. Ob der seit 2014 in «Albrecht-Dürer-Airport» umbenannte Flughafen allerdings nach den schweren Einbrüchen im Gefolge der Coronapandemie ab dem Frühjahr 2020 noch einmal zu alter Größe zurückkehren wird, erscheint fraglich.

Im April 1994 nahm das Südklinikum in Langwasser, das bis dahin teuerste Bauwerk in der Geschichte der Stadt, den Betrieb auf. Mit mehr als tausend Betten in der höchsten Versorgungsstufe im bevölkerungsreichen Nürnberger Süden ergänzt es seitdem das bereits 1897 im Pavillonsystem errichtete traditionsreiche Nordklinikum. Damit ist das Klinikum Nürnberg mit seinen beiden Standorten eines der größten kommunalen Krankenhäuser Europas.

Politik und Stadtentwicklung

Nürnberg wurde in der Nachkriegszeit jahrzehntelang von Sozialdemokraten regiert. Die Nachfolger Martin Treus, Otto Bärnreuther, Andreas Urschlechter und Peter Schönlein kamen allesamt von der SPD. Andreas Urschlechter war bei seinem Amtsantritt 1957 jüngster und bei seinem Ausscheiden im Jahr 1987 dienstältester bundesdeutscher Oberbürgermeister. Auch Willy Prölß, seit 1956 im Stadtrat und von 1972 bis 1996 Bürgermeister, galt nicht zu Unrecht als politisches Urgestein. Mit Käte Strobel konnte die Nürnberger SPD eine der ersten Ministerinnen im Bundeskabinett stellen, Renate Schmidt führte das Familienressort von 2002 bis 2005. Wenngleich aus unterschiedlichen Generationen stammend, erkämpften sich die beiden Pionierinnen mutig und selbstbewußt Spitzenämter in der von Männern dominierten Welt der Politik. Aus Nürnberg waren außerdem im Bundeskabinett Oscar Schneider, Bauminister, und Günter Gloser, Staatsminister im Auswärtigen Amt. Im Jahr 1996 gelang es der CSU erstmals, die fünfzigjährige Regierungstradition der SPD zu brechen und mit Ludwig Scholz den Oberbürgermeister zu stellen. Doch bereits sechs Jahre später eroberte der sozialdemokratische Stadtkämmerer Ulrich Maly in einer Stichwahl den Posten des Stadtoberhauptes zurück. Malys

57 Das von Fritz und Walter Mayer als Archiv und Bibliotheksgebäude neu aufgebaute Pellerhaus bezog die alte Bausubstanz mit ein und versuchte eine Symbiose mit zeitgenössischen Architekturformen. Fotografie 1957.

18jährige Amtszeit bis 2020 war geprägt von einem beachtlichen Stadtwachstum. So stieg die Einwohnerzahl von 2000 bis zum Jahr 2020 um rund 50.000 mit all den damit verbundenen Herausforderungen an den Wohnungsbau und an die schulische, soziale und kulturelle Infrastruktur. Maly setzte sich nicht nur für eine Renaissance des sozialen Wohnungsbaus ein, sondern machte auch die gesellschaftspolitische Aufgabe der Integration zur Chefsache. Das friedliche Zusammenleben von Menschen unterschiedlicher sozialer Herkunft und mit unterschiedlichen Wurzeln in einer solidarischen Stadtgesellschaft gehörte zu den Kernanliegen seiner Amtszeit. Daher erfolgte die Aufnahme zahlreicher Geflüchteter ab dem Herbst 2015 in Nürnberg weitgehend geräuschlos und unter einem engagierten Zusammenwirken städtischer und zivilgesellschaftlicher Kräfte. Bereits gut 15 Jahre davor hatte die Zuwanderung von Menschen jüdischen Glaubens aus den Gebieten der ehemaligen Sowjetunion zu einem Aufblühen der Israelitischen Kultusgemeinde in Nürnberg mit heute etwa 2.500 Mitgliedern geführt.

Eine weitgehend ideologiefreie und von Pragmatismus geprägte Kooperation mit der CSU als zweitstärkster Kraft im Rathaus führte zu einer Reihe von Weichenstellungen in den Bereichen Stadtentwicklung, Mobilitätswandel und soziale Infrastruktur. So wird die sogenannte Stadt-Umland-Bahn als Straßenbahn ab dem Ende der 2020er Jahre die Städte Nürnberg, Erlangen und Herzogenaurach verbinden, um den Großraum vom Individualverkehr zu entlasten. Der Neubau des Kooperativen Schulzentrums Bertolt-Brecht-Schule im Stadtteil Langwasser, der Gymnasium, Realschule, Mittelschule und Abendgymnasium unter einem Dach vereinen wird, zählt zu den größten gegenwärtigen Schulbauprojekten Bayerns. Nicht rechtzeitig angegangen wurde hingegen die notwendige grundlegende Sanierung des Opernhauses.

58 Die 1939 fertiggestellte monumentale SS-Kaserne unweit des Reichsparteitagsgeländes wurde von 1945 bis 1992 von der US-Armee genutzt. Nach aufwendigen Umbauarbeiten bezog das Bundesamt für Migration und Flüchtlinge das Gebäude. Fotografie 2014.

Im Schulterschluß mit Markus Söder, der sich als Bayerischer Finanz- und Heimatminister und ab 2018 als Bayerischer Ministerpräsident stets für seine Heimatstadt einsetzte, gelang es Maly, bei aller politischen Differenz, eine Reihe von Projekten der Stadtentwicklung anzustoßen. So entsteht auf der Konversionsfläche des alten Südbahnhofs an der Brunecker Straße auf einem Areal, das der Größe der Lorenzer Altstadt entspricht, im Modellprojekt «Smart Cities Smart Regions» der neue Stadtteil Lichtenreuth. In dem gemischten Quartier mit weitläufigen Grünflächen wird auch die neue Technische Universität Nürnberg (TUN), deren Träger der Freistaat Bayern ist, ihren Standort finden. Auf dem rund 37 Hektar großen Campus werden künftig rund 6.000 Studierende Ingenieurwissenschaften mit natur-, geistes- und gesellschaftswissenschaftlichen Disziplinen verbinden können. Die TUN setzt auf englischsprachige Lehre, digitale Lehr- und Lernformen sowie zukunftsweisende Forschungsthemen. Die historisch wertvollen Umladehallen der Reichsbahn hätten gut in das Konzept des neuen Stadtteils gepaßt, wurden jedoch abgebrochen.

Markus Söder gelang seit 2012 die vom staatlichen Wasserwirtschaftsamt getragene umweltverträgliche Sanierung des Wöhrder

59 Zwischen 1955 und 1967 entstand an der Fürther Straße das größte und modernste Versandzentrum Europas mit über 250.000 Quadratmetern Nutzfläche und eigenem Bahnanschluß. 1960 eröffnete ein eigenes Kaufhaus. Allein im Versand waren bis zu 5.000 Mitarbeiterinnen und Mitarbeiter tätig. Nachdem seit der Insolvenz 2009 das denkmalgeschützte Gebäude lange leer stand, soll es zukünftig für Wohn- und Gewerbezwecke genutzt werden. Fotografie 2007.

Sees zur «Wasserwelt Wöhrder See». Dieser war bis 1981 mit der Aufstauung der Pegnitz aus Hochwasserschutzgründen entstanden und hatte sich zum beliebten Naherholungsbiet entwickelt. Die Sanierung des Touristenmagnets und Stadtwahrzeichens Nürnberger Kaiserburg für über 30 Millionen Euro in den Jahren seit 2015 kann Söder sich ebenso zugutehalten wie das 2021 eröffnete zentral in der Altstadt gelegene Zukunftsmuseum, eine Außenstelle des Deutschen Museums.

Als Kopf der im Jahr 2005 gegründeten Europäischen Metropolregion Nürnberg schmiedete Ulrich Maly nicht nur strategische regionale Allianzen, sondern war an der Spitze sowohl des Deutschen als auch des Bayerischen Städtetags für mehrere Jahre zudem das Sprachrohr kommunaler Interessen in Berlin und München.

Die seit 2002 über drei Legislaturperioden währende Rathauskooperation zwischen SPD und CSU brachte zwar einen breiten kommunalpolitischen Konsens, ein gewisses «Fremdeln» mit den Grünen verhinderte jedoch wichtige Weichenstellungen in Richtung eines ökologischen Stadtumbaus. Dringend notwendige Schritte wie der Ausbau des Radwegenetzes wurden in dieser Zeit nicht gegangen.

Die einsame Entscheidung Ulrich Malys, des nach einer Forsa-Umfrage aus dem Jahr 2018 beliebtesten Oberbürgermeisters in Deutschland, bei den Kommunalwahlen 2020 nicht mehr anzutreten, war eine kleine Sensation für die Bevölkerung und ein Schock für die Nürnberger Sozialdemokratie. So verlor die SPD deutlich und ging nur noch als zweitstärkste Partei aus den Kommunalwahlen im Frühjahr 2020 hervor. Der junge christlich-soziale Fraktionsvorsitzende Marcus König konnte dann auch die Stichwahl um das Amt des Oberbürgermeisters für sich entscheiden.

Wirtschaftlich war es nach der Währungsreform stetig aufwärts gegangen. Obwohl Nürnberg wegen des Eisernen Vorhangs traditionelle Absatzmärkte in Osteuropa verloren hatte, erreichten manche Industrieunternehmen wie Grundig, Diehl, Siemens und AEG, aber auch das Großversandhaus Quelle oder Photo Porst Weltgeltung. Die Bedeutung Nürnbergs als Messestandort äußert sich unter anderem in der seit den 1950er Jahren veranstalteten Internationalen Spielwarenmesse, der weltgrößten Fachmesse ihrer Art.

Der wirtschaftliche Strukturwandel ab den 1970er Jahren traf die traditionsreiche Nürnberger Metall- und Elektroindustrie besonders hart, zehntausende Arbeitsplätze gingen hier verloren. So halbierte sich die Zahl der im produzierenden Gewerbe Beschäftigten zwischen 1980 und 2020 von rund 127.000 auf etwa 63.000, wohingegen der Dienstleistungssektor von 144.000 Beschäftigten auf mehr als 245.000 anwachsen konnte. Hier entstanden zukunftsfeste neue Unternehmen, wie etwa die Gesellschaft für Konsum, Markt- und Absatzforschung (GfK) oder die DATEV, die für Steuerberater in ganz Deutschland Datenverarbeitung zentral erledigt. Die Nürnberger Versicherung als einer der großen deutschen Versicherungskonzerne trägt in ihrem Firmenemblem die Silhouette der Kaiserburg in alle Welt. Wachstumsmotor ist die Informations- und Kommunikationswirtschaft. Hier liegt der Beschäftigungsanteil doppelt so hoch wie im Bundesdurchschnitt. Insgesamt dominieren immer mehr wissensintensive Branchen mit Forschungseinrichtungen wie dem im Nordostpark ansässigen Fraunhofer-Institut für integrierte Schaltungen IIS im Rücken.

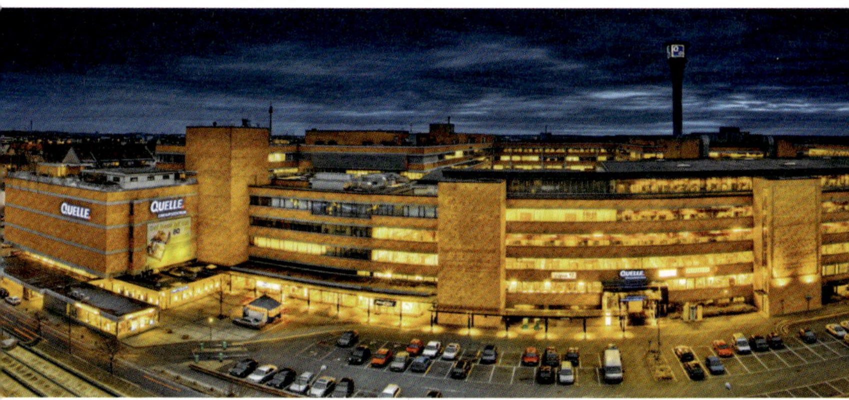

Trotzdem wurde Nürnberg in den 1980er und 1990er Jahren mit hoher Arbeitslosigkeit konfrontiert. Die «Zahlen aus Nürnberg», die monatlich von der seit 1951 in Nürnberg ansässigen Bundesagentur für Arbeit bekannt gegeben werden, liegen am Standort der Behörde selbst nach wie vor über dem bayerischen Durchschnitt.

Nürnberg ist weiterhin ein attraktiver Einzelhandelsstandort für die gesamte Metropolregion. Gemessen an den Einzelhandelsumsätzen je Einwohner liegt die Stadt deutschlandweit hinter München auf Platz zwei. Außerdem zählt sie zu den Top Ten des Städtetourismus in Deutschland. So reisen rund zwei Millionen Menschen jährlich nach Nürnberg – als Messegäste, Geschäftsreisende oder Touristen. Allein rund 150.000 Menschen kommen hier jährlich mit Flußkreuzfahrtschiffen auf dem Weg von Amsterdam nach Wien vorbei. Ob der Ansturm die stetig anwachsende Hoteldichte in der Stadt, gerade im Umfeld des Hauptbahnhofs, rechtfertigt, muß sich erst noch zeigen.

Kunst und Kultur

In den Trümmern Nürnbergs regte sich bereits 1945 neues kulturelles Leben. Berühmtheit erlangte ein «Kellerloch» am Paniersplatz 27, das ab 1954 als zweitältester Jazzclub Deutschlands ein Tor zur Welt wurde, weil es die ehemals verfemte Musik nach Nürnberg brachte. Das alle zwei Jahre von 1966 bis 2002 stattfindende Festival Jazz Ost-West gehörte lange zu den wichtigen internationalen Treffen der Szene, bevor es in den 1990er Jahren an Bedeutung verlor. Seit 2013 hat Nürnberg mit «Nuejazz» wieder ein kleines Festival mit engagiertem Programm, das sich mit seiner Mischung aus internationalen und regionalen Künstlern einen Namen macht.

Auf das Jahr 1951 gehen die Anfänge der Internationalen Orgelwoche ION zurück, die als Festival geistlicher Musik zu den größten und ältesten Musikfesten dieser Art in Europa zählt. Das Bardentreffen fand 1976 erstmals aus Anlaß des vierhundertsten Todestags des Nürnberger Meistersingers Hans Sachs statt und entwickelte sich im Laufe der Jahrzehnte zu einem mehrtägigen «Umsonst- und Draußen-Weltmusik-Festival» an verschiedenen Spielorten in der Nürnberger Altstadt. Mit durchschnittlich 200.000 Besuchern und Besucherinnen ist es eines der beliebtesten und größten Festivals seiner Art. Die Liebhaber klassischer Musik kommen seit dem 950. Stadtjubiläum im Jahr 2000 bei dem jährlich im Luitpoldhain stattfindenden Klassik Open-Air auf ihre Kosten. An zwei Terminen spielen die Nürnberger Symphoniker und die Staatsphilharmonie Nürnberg vor insgesamt rund 160.000 Zuhörern und Zuhörerinnen und machen die Konzerte zu den größten Freiluftveranstaltungen mit klassischer Musik auf dem europäischen Kontinent.

»Der Welt Nürnberg vorstellen» – dies war das Anliegen des Dürerjahres 1971. Mit einem völlig neuen, entstaubten Konzept ging man daran, Nürnbergs berühmtesten Künstler nicht nur in einer großen Ausstellung zu würdigen, sondern gleichzeitig seinen Heimatort als moderne Großstadt bekannt zu machen. Man schaltete Anzeigen, in denen sich Dürer als «erster Hippie» präsentierte, stellte Kindern im Dürerstudio einen «Streichelhasen» zur Verfügung und bot mit der Noricama eine moderne Multimediaschau

60 Der Grafiker Klaus Staeck plakatierte eine Zeichnung von Dürers Mutter mit der Frage «Würden Sie dieser Frau ein Zimmer vermieten?» – eine provokative Aktion zum Dürerjahr 1971.

61 Das Foto der Polizeieinheiten, die das Jugendzentrum KOMM abriegelten, wurde bundesweit zum Symbol des Skandals der «Nürnberger Massenverhaftung» von 1981.

zur Nürnberger Stadtgeschichte. Als weiterer Programmpunkt provozierte das Symposion Urbanum mit einer Reihe moderner Skulpturen Teile der Stadtgesellschaft, regte aber eine breite Debatte über Kunst im öffentlichen Raum an.

Die Aufbruchsstimmung der späten 1960er und frühen 1970er Jahre beflügelte nicht nur das Dürerjahr, sondern führte auch zu einer neuen Kulturpolitik, die der Kulturreferent Hermann Glaser unter dem Stichwort «Soziokultur» zu einem Markenzeichen Nürnbergs machte. In den Stadtteilen entstanden nachbarschaftlich orientierte Kulturläden als Veranstaltungs- und Begegnungsstätten. Berühmt wurde das KOMM(unikationszentrum) am Königstor. Das KOMM war wegen seiner linken politischen Aktivitäten, dem etwas heruntergekommenen Gesamteindruck und der Nähe zur Drogenszene am Bahnhof für Teile der Nürnberger Öffentlichkeit ein ständiges Ärgernis, andere sahen in der Einrichtung einen Beleg für die Toleranz und Vielfalt einer Großstadt.

Die Nürnberger Massenverhaftung 1981, bei der nach einer Demonstration mit Sachschaden über hundert jugendliche Besucher und Besucherinnen des KOMM ausnahmslos mit vorgefertigten Haftbefehlen und ohne anwaltlichen Beistand tagelang in verschiedenen bayerischen Gefängnissen festgesetzt wurden, war ein bundesweit beachteter Justiz- und Polizeiskandal. Allerdings entwickelte sich die Aktion zu einer der großen Niederlagen des damaligen Ministerpräsidenten Franz Josef Strauß, der einsehen mußte, daß Grundrechte auch im CSU-regierten Bayern galten.

Das erfolgreiche Netz der Kulturläden wurde auch in späteren Jahren politisch nie in Frage gestellt, sondern vielmehr ausgebaut. 2009 eröffnete der «Südpunkt» in Kooperation mit dem Bildungszentrum und der Stadtbibliothek, und 2016 folgte die «Kulturwerkstatt auf AEG» als bislang größte Einrichtung. Wichtige kulturpolitische Errungenschaften der Ära Hermann Glaser werden bis heute fortgeführt und wurden durch das von Oberbürgermeister Peter Schönlein initiierte Konzept einer Kulturmeile entlang des Stadtmauerrings ergänzt. Hierzu gehört auch Deutschlands erfolgreichstes

Multiplexkino CineCittà. Das im Stadtbild heute kaum wahrnehmbare Konzept der Kulturmeile bietet zwischen Germanischem Nationalmuseum und Kunsthalle mit dem im Jahr 2000 eröffneten staatlichen Neuen Museum eine attraktive Sammlung zeitgenössischer Kunst und aktuellen Designs, die in einem neuen Museumsbau direkt hinter dem Königstor gezeigt wird. Das Erstlingswerk des inzwischen vielfach preisgekrönten Architekten Volker Staab ist auch städtebaulich ein großer Wurf. Die mittelalterliche Stadtmauer spiegelt sich in der geschwungenen Glasfassade, die Einblicke ins Innere gewährt. Die große Offenheit der Architektur steht zugleich für die Programmatik des Hauses. Hier ist auch das Gemälde *Telephone* des in Nürnberg aufgewachsenen Künstlers Richard Lindner zu sehen, der als Jude 1933 vor den Nationalsozialisten fliehen mußte und in den USA zu einer ganz eigenen Malerei neben der Pop-Art fand. Seit Eröffnung des Museums im Jahr 2000 konnte die Sammlung bedeutend erweitert werden, unter anderem durch Schenkungen der Nürnberger Kunstsammler Marianne und Hansfried Defet.

Auch lokale und regionale Künstler verfügen mit der 2014 eröffneten Kunstvilla, die sich unweit der Kulturmeile in der Marienvorstadt befindet, erstmals seit den frühen 1930er Jahren wieder über

62 Das vom Berliner Architekten Volker Staab geplante Neue Museum bereichert mit seiner über hundert Meter langen Glasfassade die Lorenzer Altstadt um ein gelungenes Beispiel moderner Architektur. Fotografie 2020

einen festen Ausstellungsort. Die prächtige Kaufmannsvilla der jüdischen Hopfenhändlerfamilie Hopf aus dem Jahr 1897 wäre in den 1970er Jahren beinahe dem Abriß preisgegeben worden. Der Nürnberger Verleger Bruno Schnell verkaufte sie schließlich für einen symbolischen Preis an die Stadt, die sie zwischen 2009 und 2014 aufwendig restaurierte.

Seit dem 950. Stadtjubiläum im Jahr 2000 haben sich große Events im kulturellen Leben Nürnbergs etabliert, die sich im Laufe der Jahre immer mehr zu Massenveranstaltungen entwickelten. Hierzu zählen die Blaue Nacht, inzwischen mit 130.000 Besuchern die größte Kultur- und Museennacht Deutschlands, oder die jedes Jahr stattfindenden «Stadtverführungen», die heute der größte Führungsmarathon Deutschlands sind.

Der 1. FC Nürnberg schrieb, trotz des legendären Stürmers und Fußballweltmeisters Max Morlock, nach 1945 nur noch selten Fußballgeschichte. Zwar wurde «der Club» 1968 noch einmal deutscher Meister, stieg jedoch in der folgenden Saison ab. Seitdem hat sich der Verein mit dem ehemals berühmten fränkischen Flachpaß kaum mehr in der oberen Hälfte der Bundesligatabelle halten können und spielte zeitweise sogar drittklassig im 1991 eingeweihten Frankenstadion. Im Jahr 2007 war es dann aber trotzdem noch einmal «der Club», der den Nürnbergern ein großes Geschenk machte: Nach 39 Jahren ohne Titelgewinn im Fußball erspielte er sich den Sieg im DFB-Pokal.

Mahnmale und Lernorte

Nürnberg war und ist wie kaum eine andere deutsche Stadt mit den baulichen Überresten des Nationalsozialismus konfrontiert. Das ehemalige Reichsparteitagsgelände warf immer wieder die Frage auf, wie sich die Nürnberger zu den Bauten und zur Geschichte der damaligen Zeit stellen sollten. In den 1950er und 1960er Jahren wurde das Thema eher beiseitegeschoben, und die Bauten wurden pragmatisch genutzt. Da es keine anderen unzerstörten Räumlich-

keiten gab, feierte man das Stadtjubiläum 1950 in der unvollendeten Kongreßhalle, nannte sie aber «Ausstellungsrundbau». Den Bau der Meistersingerhalle im Jahr 1963 nahm man zum Anlaß, die benachbarte Luitpoldarena abzureißen und wieder einen Park anzulegen. Neben Nutzungsvorschlägen für die Kongreßhalle wie dem Einbau eines Stadions oder eines Einkaufszentrums kam auch der Vorschlag, den Bau zu beseitigen. Die bereits gebauten Teile des Märzfeldes hatten zu verschwinden, um die Trabantenstadt Langwasser ohne Belastung durch die Vergangenheit entstehen zu lassen. Sehr kontrovers diskutiert wurde die Sprengung der beiden Pfeilerhallen auf der Zeppelintribüne 1967, deren Baufälligkeit Gelegenheit bot, mit den baulichen Überresten scheinbar einfach auch die nationalsozialistische Vergangenheit loszuwerden. Durch das Denkmalschutzgesetz von 1974 waren aber auch die großen Relikte der NS-Zeit auf dem Reichsparteitagsgelände unter Schutz gestellt. Und auch der Umgang von seiten der Stadt mit den Bauten des Reichsparteitagsgeländes änderte sich nach und nach.

1984 wurde die Ausstellung «Faszination und Gewalt – Nürnberg und der Nationalsozialismus» in der Zeppelintribüne eröffnet. Der im bundesweiten Vergleich sehr frühe Zeitpunkt einer solchen Ausstellung zeigt, daß Nürnberg angesichts seiner besonderen Ge-

schichte im Nationalsozialismus diesem Thema nicht ausweichen konnte. Im Jahr 2001 ersetzte man die im Winter nicht beheizbare Ausstellung durch das Dokumentationszentrum Reichsparteitagsgelände in der Kongreßhalle. Die von dem österreichischen Architekten Günter Domenig vorgenommene Gestaltung des Dokumentationszentrums stellte sich mit modernen Architekturformen und einem Pfahl durch das Gebäude gegen die NS-Architektur und erregte international Aufsehen.

Der Erfolg des Konzepts, sich der eigenen NS-Vergangenheit zu stellen, führte auch in Nürnberg zur Etablierung einer «Erinnerungskultur», die auf einem breiten politischen Konsens beruhte. So war es weitgehend unstrittig, daß auch der Saal 600 der Nürnberger Prozesse eine museale Kommentierung mit dem schließlich 2010 eröffneten Memorium Nürnberger Prozesse bekommen sollte.

Die neue Wertschätzung des Erbes der Nürnberger Prozesse als Wurzel eines neuen Völkerstrafrechts führte 2015 zur Gründung der «Internationalen Akademie Nürnberger Prinzipien» als einer von Bund, Land und Stadt Nürnberg getragenen Stiftung, die sich um die Förderung des Völkerstrafrechts bemüht und den Kampf gegen die Straflosigkeit von schwersten Verbrechen, welche die internationale Gemeinschaft als Ganzes berühren, unterstützt. Mit interdisziplinären Forschungs- und Bildungsprojekten soll die Akzeptanz des Völkerstrafrechts und dessen globale Durchsetzung gefördert werden.

63 Bei der Blauen Nacht 2021 projizierte der international renommierte Künstler Peter Angermann seine Bilderschau auf der größten «Leinwand» der Stadt, der Nürnberger Kaiserburg.

Nach den guten Erfahrungen mit dem Wettbewerb für das Dokumentationszentrum schrieb die Stadt Nürnberg einen städtebaulichen Ideenwettbewerb für das gesamte ehemalige Reichsparteitagsgelände aus, der jedoch ohne befriedigendes Ergebnis blieb. Zu unterschiedlich waren die Nutzungsanforderungen der verschiedenen Bereiche des Areals von naturnahen Zonen bis hin zu Wohn- und Gewerbegebieten. Vielleicht fehlte auch der Mut, einen wirklichen Neuansatz zu wagen. So einigte man sich 2004 in «Leitlinien» darauf, die monumentalen Hinterlassenschaften des Nationalsozialismus am Dutzendteich als historische Zeugnisse und Lernorte zu erhalten und diese der nächsten Generation zu übergeben.

Dennoch hielt auch das Reichsparteitagsgelände immer wieder Herausforderungen für die Stadtgesellschaft bereit. Der baulich marode Zustand des Areals Zeppelinfeld stellte die Stadt Nürnberg vor die Alternative, entweder die Bauten nach und nach verfallen zu lassen oder in den Erhalt zu investieren. Vor allem wegen der Kosten von über 80 Millionen Euro war dieses Projekt von Anfang an umstritten. Die Bedeutung des historischen Orts Zeppelinfeld und auch die sonstige Nutzung als Freizeit- und Sportareal führten zur Entscheidung, es als Lern- und Begegnungsort zu erhalten und die finanziellen Mittel gemeinsam mit Bund und Land aufzubringen. Auch der Bautorso der Kongreßhalle, der zum großen Teil leersteht, wird immer wieder Nutzungsideen herausfordern, zuletzt bei der Bewerbung zur Kulturhauptstadt als «Ermöglichungsraum» für Kunst und Kultur. Dabei steht insbesondere der Innenhof der Kongreßhalle im Fokus, der als Dokument nationalsozialistischer Großbauten in seiner Größe und seinem unfertigen Zustand in der Bundesrepublik einmalig ist. Kommerzielle Nachnutzungen oder auch kulturelle Transformationskonzepte verkennen jedoch den Wert des Denkmals Kongreßhalle als größtes noch existierendes Baurelikt des Nationalsozialismus, dem auch das Scheitern der großen Pläne eingeschrieben ist.

Stadt der Menschenrechte

Die Herausforderung, der Geschichte Nürnbergs im Nationalsozialismus eine glaubwürdige Reaktion der Gegenwart entgegenzusetzen, wurde mit dem Bau der Straße der Menschenrechte durch den israelischen Künstler Dani Karavan angenommen. Ausgehend von diesem Kristallisationspunkt in der Topographie der Altstadt, arbeitet die Stadt mit ihrem bundesweit einmaligen kommunalen Menschenrechtsbüro an der Umsetzung des im Jahr 2001 verabschiedeten Leitbilds einer Stadt des Friedens und der Menschenrechte. 1995, zum 60. Jahrestag der «Nürnberger Gesetze», wurde erstmals der Internationale Nürnberger Menschenrechtspreis verliehen. Das erste Preisgeld stiftete der Schriftsteller und Ehrenbürger Hermann Kesten, der als Jude 1933 in die Emigration gezwungen worden war. Anschließend übernahm der Verleger Bruno Schnell bis zu seinem Tod im Jahr 2018 diese noble Geste. Mit dem Preis werden Menschen geehrt, die sich aktiv und häufig unter hohem persönlichen Risiko für Menschenrechte weltweit einsetzen und damit eine größere Öffentlichkeit für ihr Anliegen mobilisieren können. Viele der von städtischen und zivilgesellschaftlichen Akteuren getragenen lokalen Menschenrechtsaktivitäten knüpfen direkt an das Politikfeld der Integration an, geht es doch auch um Chancengleichheit aller in Nürnberg lebender Menschen. Mit einem Anteil von nahezu 47 Prozent der Bürgerinnen und Bürger mit Migrationshintergrund zählt Nürnberg bundesweit zum Kreis der von «Superdiversität» geprägten Städte. An erster Stelle liegt die Zahl der Menschen mit Wurzeln in den Ländern der früheren Sowjetunion, gefolgt von den Herkunftsländern Türkei und Rumänien. Bereits seit dem Jahr 1973 vertritt der Ausländerbeirat die Interessen der «Gastarbeiter». Seit seinem Zusammenschluß mit dem Aussiedlerbeirat ist der Rat für Integration und Zuwanderung die Vertretung der Bewohnerinnen und Bewohner mit Migrationshintergrund.

Umso verstörender waren im November 2011 die Enthüllungen über drei unaufgeklärte Morde an Gewerbetreibenden mit türkischen Wurzeln und ein Sprengstoffattentat in einer Nürnberger Gaststätte, die alle auf das Konto einer bundesweit mordenden rechtsextremen Terrorgruppe gingen. Nach jahrelangem Versagen der Ermittlungsbehörden hatte erst die Selbstenttarnung der Täter zur Aufklärung von zehn Morden, zahlreichen Banküberfällen und einem Sprengstoffanschlag geführt. Inzwischen erinnern Gedenkstelen an den Tatorten, der nach dem ersten Opfer benannte Enver-Şimşek-Platz sowie ein jährlich ausgelobter interkultureller Jugendpreis an die rassistisch motivierten Taten. Auch nach Ende des mehrjährigen Prozesses vor dem Oberlandesgericht München erscheint vielen Menschen der Rechtsfrieden nicht hergestellt, bleiben doch zu viele Fragen nach den Motiven und den Unterstützerstrukturen, auch in Nürnberg, unbeantwortet.

Bereits im Jahr 2009 hatte das vermehrte Auftreten rechtsextremer Gruppierungen und Parteien im gesamten fränkischen Raum zur Gründung der Allianz gegen Rechtsextremismus in der Metropolregion Nürnberg geführt. Das in Nürnberg ansässige bundesweit einmalige Netzwerk engagiert sich gegen alle Formen von Rechtsextremismus und Menschenhaß.

Das Miteinander in der von Transkulturalität geprägten Stadtgesellschaft und eine zukunftsgerichtete Auseinandersetzung mit der eigenen Vergangenheit waren auch die Kernthemen der unter dem Leitmotiv «Past Forward» eingereichten Bewerbung, mit der Nürnberg im Jahr 2020 in das Rennen um den Titel der Europäischen Kulturhauptstadt 2025 ging. Zu einer gemeinsamen Aufbruchsstimmung führte die Umsetzung der abgehoben wirkenden Bewerbung bei den Nürnbergern und Nürnbergerinnen nicht und auch zu keinem Happy-End: In der letzten Bewerbungsrunde scheiterte Nürnberg an der Konkurrentin Chemnitz.

Nürnberg 1050 bis 2020 – fast 1000 Jahre zeigen eine Stadt, die häufig Bühne deutscher Geschichte war, die den Rang einer Metropole in der Neuzeit verloren hatte, einen Aufschwung während der Industrialisierung erlebte und im Nationalsozialismus wichtiger Teil von Propaganda und Selbstdarstellung des Regimes wurde. «Nürnberg» – keine Stadt wie jede andere, im Guten wie im Schlechten, muß sich immer wieder seiner Vergangenheit neu stellen, zeigt sich heute jedoch als divers und hat es nicht mehr nötig, Klischees der Vergangenheit zu erfüllen. Das Konzept, der schweren Hypothek der nationalsozialistischen Vergangenheit eine gesellschaftliche Vision von Menschlichkeit und Solidarität entgegenzusetzen, trägt viele Früchte, muß sich aber stets von neuem beweisen.

Chronik

1050 16. Juli: Erste urkundliche Erwähnung von *Norenberc*. Kaiser Heinrich III. läßt die Hörige Sigena frei.

1070 In den Augsburger Annalen wird der heilige Sebaldus erwähnt.

12. Jh. Anlage der Lorenzer Stadt. Die Kaiserpfalz Nürnberg wird unter den Staufern Konrad III., Friedrich I. Barbarossa, Friedrich II. und Heinrich (VII.) ein bevorzugter Aufenthaltsort der Herrscher.

1192 Übertragung des Burggrafenamtes an die Hohenzollern.

1219 Der *Große Freiheitsbrief* Friedrichs II. gewährt zahlreiche Privilegien.

1298 Sogenanntes Rindfleisch-Pogrom. 628 jüdische Männer, Frauen und Kinder werden ermordet.

1332–1340 Östlich von St. Sebald entsteht der Saalbau des Rathauses.

1339 Stiftung des Heilig-Geist-Spitals durch Konrad Groß

1348–1349 Im sogenannten Handwerkeraufstand wird der patrizische Rat abgesetzt. Der Aufstand wird von Karl IV. niedergeschlagen.

1349 5. Dezember: Bei einem Pogrom kommen 562 Juden ums Leben. Das jüdische Viertel und die Synagoge werden abgebrochen, Haupt- und Obstmarkt entstehen.

ab ca. 1350 Stadterweiterung und Neubau der Stadtmauer. Die Bevölkerung steigt bis um 1500 auf etwa 40.000 Menschen an.

1356 Publikation der *Goldenen Bulle* Karls IV. Nürnberg wird als Tagungsort des ersten Reichstages eines neugewählten Herrschers gesetzlich festgeschrieben.

1390 Ulman Stromer gründet mit der Hadermühle die erste deutsche Papiermühle.

1424 Die Reichskleinodien werden nach Nürnberg übertragen.

1427 Der Rat erwirbt die Burggrafenburg, der Burggraf ist endgültig aus der Stadt verdrängt.

1449–1453 Erster Markgrafenkrieg

1469 Johann Sensenschmidt begründet die erste Nürnberger Buchdruckerei.

1471–1528 Lebensdaten Albrecht Dürers

1479 Die *Neue Reformation*, das Nürnberger Zivilgesetzbuch, tritt in Kraft.

1493 Bei Anton Koberger erscheint Hartmann Schedels *Weltchronik*.

1499 10. März: Ausweisung der Juden aus Nürnberg

1504 Im Landshuter Erbfolgekrieg erobert Nürnberg die «Neue Landschaft» und erweitert sein Landgebiet beträchtlich.

1525 3.–12. März: Religionsgespräch im Rathaussaal. Danach entschließt sich der Rat zur Annahme der lutherischen Lehre.

1526 Eröffnung des Gymnasiums mit einer Ansprache Philipp Melanchthons

1543 Zum letzten Mal tritt ein Reichstag in Nürnberg zusammen.

1552–1554 Zweiter Markgrafenkrieg

1575 Das Gymnasium wird nach Altdorf verlegt und zu einer Hohen Schule ausgebaut, die 1622 zur Universität erhoben wird.

ab 1616 Neubau des Rathauses unter Jakob Wolff d. J.

1632 Höhepunkt des Dreißigjährigen Krieges für Nürnberg. Das schwedische Heer lagert in der Stadt, während Wallenstein sein Lager bei Zirndorf aufschlägt.

1649–1650 In Nürnberg tagt der «Exekutionskongreß». Der Nürnberger Friedensvertrag beendet zusammen mit dem Westfälischen Frieden von 1648 den Dreißigjährigen Krieg.

1662 Gründung der ersten deutschen Malerakademie durch Joachim von Sandrart

1711–1718 Bau der barocken Egidienkirche

1793 Ludwig Tieck und Heinrich Wackenroder leiten die «romantische Entdeckung» Nürnbergs ein.

1794 Im Haupt- und Grundvertrag wird die Ratsverfassung modernisiert.

1796 Die Reichskleinodien werden vor der heranrückenden französischen Armee von Nürnberg über Regensburg nach Wien in Sicherheit gebracht.

1806 5. August: Nürnberg wird offiziell mitgeteilt, dass die Rheinbundakte die staatliche Selbständigkeit der Reichsstadt beendet. Die Stadt wird dem Königreich Bayern zugeschlagen. Einwohnerzahl 25.000.

1806–1818 Nürnberg wird autokratisch von dem bayerischen Polizeidirektor Christian Wurm verwaltet.

1818 Die neue bayerische Gemeindeordnung gewährt auch Nürnberg weitgehende Selbstverwaltung.

1825 Eingemeindung der alten reichsstädtischen Vororte Gostenhof, St. Johannis, Wöhrd, Gärten bei Wöhrd und Gärten hinter der Veste.

1835 7. Dezember: Erste deutsche Eisenbahn zwischen Nürnberg und Fürth.

1847 Bau des ersten Hauptbahnhofes.

1850 Erstmals seit 1499 dürfen sich wieder Juden in der Stadt ansiedeln. Die Einwohnerzahl beträgt 50.000.

1852 17. August: Beschluss zur Gründung des Germanischen Nationalmuseums

1865 Eingemeindung der Fabrik- und Arbeitervororte Steinbühl und Rennweg

1867–1891 Amtszeit des 1. Bürgermeisters von Stromer

1890 Die Schuckertwerke beziehen ihr neues Betriebsgelände in Steinbühl.

1892–1913 Amtszeit des 1. Bürgermeisters Schuh

1897 Eröffnung des Pavillonkrankenhauses in St. Johannis

1899 Dreizehn umliegende Landgemeinden werden in das Stadtgebiet einbezogen, darunter Mögeldorf, Gleißhammer und Gibitzenhof.

1900 Die Einwohnerzahl beträgt 260.000.

1900 4. Mai: Gründung des 1. Fußballclubs Nürnberg (1. FCN)

1906 Bayerische Jubiläums Landes-, Industrie-, Gewerbe- und Kunstausstellung am Luitpoldhain

1908 Nach einer Wahlrechtsreform sind erstmals auch Sozialdemokraten im Gemeindekollegium vertreten.

1910 Die Jüdische Gemeinde zählt 8.000 Mitglieder.

1912 Die Siemens-Schuckertwerke sind mit 12.000 Beschäftigten das größte bayerische Unternehmen.

1913–1919 Amtszeit Oberbürgermeister Otto Geßler

1918 10. Oktober: Der Sozialdemokrat Adolf Braun fordert erstmals in einer deutschen Zeitung, der *Fränkischen Tagespost*, die Abdankung des Kaisers.

1918 8. November: Gründung eines provisorischen Arbeiter- und Soldatenrates, Stadtrat und Oberbürgermeister bleiben aber im Amt.

1920–1933 Amtszeit Oberbürgermeister Hermann Luppe

1921–1932 Erarbeitung des Generalbebauungsplans durch Hermann Jansen

1922 24. September: reichsweiter Vereinigungsparteitag von SPD und USP im Luitpoldhain

1922 20. Oktober: Julius Streicher gründet die Ortsgruppe Nürnberg der NSDAP.

1923 21. April: Erste Ausgabe der antisemitischen Wochenzeitung *Der Stürmer*

1927 1. FCN wird zum fünften Mal (seit 1920) deutscher Meister.

1927 19.–21. August: Reichsparteitag der NSDAP zum ersten Mal in Nürnberg

1928 Eröffnung des Stadiongeländes am Dutzendteich

1928 Feier des ersten «Dürerjahrs» anläßlich des 400. Todestags des Künstlers

1933 27. April: «Wahl» des Nationalsozialisten Willy Liebel zum Oberbürgermeister

1933–1938 Reichsparteitage der NSDAP in Nürnberg als großangelegte Propagandainszenierung jeweils Anfang September

1934 Albert Speer legt einen Gesamtplan für das Reichsparteitagsgelände vor.

1935 15. September: Verkündung der «Nürnberger Gesetze»

1938 10. August: Abriß der Synagoge am Hans-Sachs-Platz

1938 19 Tote unter den Nürnberg Juden während der «Reichskristallnacht», Zerstörung der Synagoge Essenweinstraße

1940 Absetzung Julius Streichers als Gauleiter wegen des Arisierungsskandals

1941–1944 Deportation der Nürnberger Juden in die Vernichtungslager.

1941 Außenlager des KZ Dachau (später des KZ Flossenbürg) in der SS-Kaserne

1942 29. August: Erster schwerer Luftangriff auf Nürnberg

1944 550 ungarische Jüdinnen aus dem KZ Auschwitz bei Siemens als Zwangsarbeiterinnen in einem KZ-Außenlager

1945 2. Januar: 1.829 Tote bei schwerem Luftangriff auf Nürnberg, Zerstörung eines großen Teils der Altstadt

1945 20. April: Siegesparade der US-Army auf dem Hauptmarkt

1945 21. April: Zweite Siegesparade auf dem Zeppelinfeld mit Sprengung des Hakenkreuzes auf der Zeppelintribüne

1945–1949 Nürnberger Prozesse und zwölf Nachfolgeprozesse

1946 1. Oktober: Verkündung der Urteile im Nürnberger Hauptkriegsverbrecherprozess

1947 Wettbewerb für den Wiederaufbau der Nürnberger Altstadt

1950 900-Jahrfeier der Stadt Nürnberg in der ehemaligen Kongreßhalle

1950 Erste deutsche Spielwarenmesse

1952 Errichtung der Bundesanstalt für Arbeit (heute Bundesagentur)

1954–1960 Valka-Lager in Langwasser für Displaced Persons und Asylsuchende

1955 Einweihung des neuen Flughafens bei Kraftshof

1957 29. März: Grundsteinlegung für den Stadtteil Nürnberg-Langwasser

1957–1987 Amtszeit Oberbürgermeister Andreas Urschlechter

1963 Beschluß zum Bau des Frankenschnellwegs

1967 Baubeginn der Nürnberger U-Bahn

1971 Das Dürerjahr präsentiert Nürnberg als weltoffene Stadt.

1972 Eröffnung erste Teilstrecke U-Bahn

1972 Größte Eingemeindung von Nachbarorten der Nachkriegszeit

1972 Einwohnerzahl Nürnbergs erstmals über 500.000

1972 Eröffnung des Staatshafens Nürnberg am Main-Donau-Kanal

1973 Einweihung des neuen Messegeländes in Nürnberg-Langwasser

1976 Erstes Bardentreffen

1979 26. März: Dammbruch am Main-Donau-Kanal in Katzwang, ein Todesopfer

1981 Skandal um die «Nürnberger Massenverhaftung» von Besuchern des KOMM

1987–1996 Amtszeit Oberbürgermeister Peter Schönlein

1991 Einweihung des Frankenstadions

1993 Straße der Menschenrechte des Künstlers Dani Karavan

1994 Südklinikum nimmt den Krankenhausbetrieb auf.

1994 September: Schließung des denkmalgeschützten Volksbades

1995 Erste Verleihung des Internationalen Nürnberger Menschenrechtpreises

1996 Rot-Grün verliert die Kommunalwahl. Erstmals seit 1945 stellte nicht mehr die SPD, sondern die CSU mit Ludwig Scholz den Oberbürgermeister.

2000 15. April: Eröffnung des Neuen Museums für Kunst und Design

2000 16. Juli: Die Stadt Nürnberg feiert ihren 950. Stadtgeburtstag.

2001 4. November: Eröffnung des Dokumentationszentrums Reichsparteitagsgelände

2002–2020 Amtszeit Oberbürgermeister Ulrich Maly

2003 Aufwertung des Stadttheater Nürnberg zum Staatstheater

2005 Gründung der Europäischen Metropolregion Nürnberg

2006 46-tägiger Arbeitskampf anlässlich der Schließung des Nürnberger-AEG-Werks, Verlust von 1.750 Arbeitsplätzen

2007 DFB-Pokalsieg 1. FCN

2008 14. Juni: Start der ersten vollautomatisierten fahrerlosen U-Bahn Deutschlands

2009 9. Juni: Die Quelle GmbH reicht den Insolvenzantrag ein.

2010 21. November: Eröffnung des Memoriums Nürnberger Prozesse

2011 Juli: Eröffnung von Delphinlagune und Manatihaus im Nürnberger Tiergarten

2012 29. September: Abendzeitung Nürnberg stellt ihr Erscheinen ein.

2012 25. Oktober: Eröffnung des Neubaus der Stadtbibliothek am Gewerbemuseumsplatz

2014 Neue Messehalle der Stararchitektin Zaha Hadid

2014 24. Mai: Eröffnung der Kunstvilla als Ausstellungsort für regionale Kunst

2015 12. April: Ausstrahlung der ersten Folge des Franken-Tatorts aus Nürnberg

2015 30. Juli: Eröffnung des neuen Hallenbads Langwasser mit 50-Meter-Bahn

2016 August: Neue Badebucht als Teil der Wasserwelt am Wöhrder See

2017 30. Oktober: Digitales Gründerzentrum Zollhof für digitale Start-Ups eröffnet.

2017 Juli: Umbenennung des Nürnberger Stadions in Max-Morlock-Stadion

2018 23. März: Grundsteinlegung für die Außenstelle des Deutschen Museums

2020 August: Erster Spatenstich Technische Universität Nürnberg (TUN)

2020 Oktober: Scheitern der Bewerbung zur Kulturhauptstadt Europas 2025

2020 Oktober: Die Pläne für die Sanierung und Wiederinbetriebnahme des Volksbades werden vorgestellt.

Auswahlbibliographie

Allgemein

Baier, Helmut (Hg.): 600 Jahre Ostchor St. Sebald Nürnberg 1379–1979, Neustadt/Aisch 1979.

Diefenbacher, Michael/Zahlaus Steven M. (Hg.): Dageblieben! Zuwanderung nach Nürnberg gestern und heute, Nürnberg 2011.

Diefenbacher, Michael/Zahlaus Steven M. (Hg.): Lexikon Nürnberger Straßennamen, Nürnberg 2011.

Diefenbacher, Michael/Endres, Rudolf (Hg.): Stadtlexikon Nürnberg, Nürnberg 1999.

Endres, Rudolf/Fleischmann, Martina: Nürnbergs Weg in die Moderne. Wirtschaft, Politik und Gesellschaft im 19. und 20. Jahrhundert, Nürnberg 1996.

Fleischmann, Peter: Nürnberg mit Fürth und Erlangen. Von der Reichsstadt zur fränkischen Metropole, Köln 2003.

Imhoff, Christoph von: Berühmte Nürnberger aus neun Jahrhunderten, Nürnberg [2]1989.

Geschichte Für Alle (Hg.): Spaziergänge in die Vergangenheit Nürnberg, Cadolzburg [2]2016.

Gürtler, Daniel/Windsheimer, Bernd: Das Nürnberger Volksbad, Nürnberg 2019.

Kett, Siegfried: Das Nürnberger Künstlerhaus. Eine Stadtgeschichte 1867-1992, Nürnberg 1992.

Kluxen, Andrea M./Krieger, Julia (Hg.): Geschichte und Kultur der Juden in Nürnberg, Würzburg 2014.

Maas, Herbert: Nürnberg. Geschichte und Geschichten, Nürnberg 1988.

Müller, Arndt: Geschichte der Juden in Nürnberg 1146-1945, Nürnberg 1968.

Nestmeyer, Ralf: Nürnberg. Fürth. Erlangen, Erlangen 2018.

Pfeiffer, Gerhard: Nürnberg. Geschichte einer europäischen Stadt, München 1971.

Schmidt, Alexander/Windsheimer, Bernd: Geschichte der Juden in Nürnberg. Kurzführer, Nürnberg 2014.

Windsheimer, Bernd: 100 Jahre Klinikum Nürnberg. Die Geschichte des Nürnberger Gesundheitswesens im späten 19. und 20. Jahrhundert, Nürnberg 1997.

Windsheimer, Bernd/Schmidt, Alexander/Schieber, Martin: Architektur Nürnberg. Bauten und Biografien, Nürnberg 2007.

Woditsch, Richard (Hg.): Architekturführer Nürnberg, Berlin 2020.

Reichsstädtische Zeit

Bayerische Staatsgemäldesammlung München (Hg.): Die Gemälde der Alten Pinakothek, München 1988.

Fleischmann, Peter: Das Bayerische Jahrtausend – Nürnberg im 15. Jahrhundert, München 2012.

Fleischmann, Peter: Rat und Patriziat in Nürnberg. Die Herrschaft der Ratsgeschlechter vom 13. bis zum 18. Jahrhundert, 3 Bände, Nürnberg 2008.

Generaldirektion der Staatlichen Archive Bayerns (Hg.): Gustav Adolf, Wallenstein und der Dreißigjährige Krieg in Franken. Ausstellung des Staatsarchivs Nürnberg, München 1982.

Generaldirektion der Staatlichen Archive Bayerns (Hg.): Nürnberg – Kaiser und Reich. Ausstellung des Staatsarchivs Nürnberg, München 1986.

Germanisches Nationalmuseum (Hg.): Veit Stoß in Nürnberg. Werke des Meisters und seiner Schule in Nürnberg und Umgebung, München 1983.
Geschichte Für Alle e.V.: Hinrichtungen und Leibstrafen. Das Tagebuch des Nürnberger Henkers Franz Schmidt, Nürnberg [4]2021.
Groebner, Valentin: Ökonomie ohne Haus. Zum Wirtschaften armer Leute in Nürnberg am Ende des 15. Jahrhunderts, Göttingen 1993.
Großmann, Ulrich u. a. (Hg.): Von teutscher Not zu höfischer Pracht 1648–1701, Nürnberg 1998.
Kurras, Lotte/Machilek, Franz: Caritas Pirckheimer (1467–1532). Ausstellung der katholischen Stadtkirche Nürnberg, München 1982.
Museen der Stadt Nürnberg (Hg.): Im Anfang war das Wort. Nürnberg und der Protestantismus, Nürnberg 1996.
Rebel, Ernst: Albrecht Dürer. Maler und Humanist, München 1996.
Schleif, Corine: Donatio et Memoria. Stifter, Stiftungen und Motivationen an Beispielen der Lorenzkirche in Nürnberg, München 1990.
Staatsarchiv Nürnberg (Hg.): Nôrenberc — Nürnberg 1050 bis 1806. Eine Ausstellung des Staatsarchivs zur Geschichte der Reichsstadt, München 2000.
Stromer, Wolfgang von: Die Metropole in Aufstand gegen König Karl IV. Nürnberg zwischen Wittelsbach und Luxemburg Juni 1348 – September 1349, in: Mitteilungen des Vereins für Geschichte der Stadt Nürnberg, Band 65, 1978, S. 55–90.
Stromer, Wolfgang von: Nürnberg als Epizentrum von Erfindungen und Innovationen an der Wende vom Mittelalter zur Neuzeit, in: Schachtschneider, Karl Albrecht (Hg.): Wirtschaft, Gesellschaft und Staat im Umbruch, Berlin 1994.
Werk, Uwe/Windsheimer, Bernd: Johannisfriedhof mit Rochusfriedhof, Kurzführer, Nürnberg 2011.

Nürnberg 1806–1918

Beer, Helmut/Glaser, Hermann/Winkel, Udo: In die neue Zeit. Nürnberg 1850–1900, Nürnberg 1991.
Brix, Michael: Nürnberg und Lübeck im 19. Jahrhundert. Denkmalpflege, Stadtbildpflege, Stadtumbau. München 1981
Bühl-Gramer, Charlotte: Nürnberg 1850 bis 1892. Stadtentwicklung, Kommunalpolitik und Stadtverwaltung im Zeichen von Industrialisierung und Urbanisierung, Nürnberg 2003.
Diefenbacher, Michael/Swoboda, Ulrike/Zahlaus, Steven M. (Hg.): Der Sprung ins Dunkle. Die Region Nürnberg im Ersten Weltkrieg 1914–1918, Nürnberg 2014.
Eckert, Hugo: Liberal- oder Sozialdemokratie. Frühgeschichte der Nürnberger Arbeiterbewegung, Stuttgart 1968.
Glaser, Hermann/Ruppert, Wolfgang/Neudecker, Norbert (Hg.): Industriekultur in Nürnberg, München 1983.
Gömmel, Rainer: Wachstum und Konjunktur der Nürnberger Wirtschaft 1815–1914, Nürnberg 1978.
Janetzko, Maren: Haben Sie nicht das Bankhaus Kohn gesehen? Ein jüdisches Familienschicksal in Nürnberg 1850–1950, Nürnberg 1998.
Mertens, Rainer: Johannes Scharrer. Profil eines Reformers in Nürnberg zwischen Aufklärung und Romantik, Nürnberg 1996.
Rossmeissl, Dieter: Arbeiterschaft und Sozialdemokratie in Nürnberg 1890–1914, Nürnberg 1977.
Schwarz, Klaus-Dieter: Weltkrieg und Revolution in Nürnberg, Stuttgart 1971.

Nürnberg in der Weimarer Republik

Bausenwein, Christoph/Kaiser, Harald/Siegler, Bernd: 1. FC Nürnberg. Die Legende vom Club, Göttingen 1996.

Boyken, Immo: Otto Ernst Schweizer 1890–1965. Bauten und Projekte, Stuttgart 1996.
Fischer-Pache, Wiltrud u.a. (Hg.): Weimarer Republik Nürnberg 1918–1933, 2 Bände, Nürnberg 2021.
Hanschel. Hermann: Oberbürgermeister Hermann Luppe, Nürnberg 1977.
Hanffstengel, Hans von: Der Jansenplan. Der Generalbebauungsplan der Stadt Nürnberg 1921–1932 und seine Fortwirkung bis in die Gegenwart, Nürnberg 1983.
Luppe, Hermann: Mein Leben, Nürnberg 1977.
Mittenhuber, Martina/Schmidt, Alexander/Windsheimer, Bernd: Arbeiterwohnungen, Villen und Herrensitze. Der Nürnberger Nordosten, Nürnberg ^{2}2012.
Müller, Gerhard: Für Vaterland und Republik. Monographie des Nürnberger Schriftstellers Karl Bröger, Pfaffenweiler 1986.
Schmidt, Alexander: Kultur in Nürnberg. 1918–1933. Die Weimarer Moderne in der Provinz, Nürnberg 2005.
Schwarz, Klaus-Dieter: Weltkrieg und Revolution in Nürnberg, Stuttgart 1971.
Strauß, Eva: Wandererfürsorge in Bayern 1918 bis 1945 mit besonderer Berücksichtigung Nürnbergs, Nürnberg 1995.
Wolf, Jürgen (Hg.): Vom Kinematographen zum CineCittá. Geschichte und Geschichten der Kinos in Nürnberg, Fürth und Erlangen, Nürnberg 1995.

Nürnberg im Nationalsozialismus

Beer, Helmut u. a. (Hg.): Bauen in Nürnberg 1933–1945, Nürnberg 1995.
Braun, Matthias Klaus: Hitlers liebster Bürgermeister. Willy Liebel (1897–1945), Nürnberg 2012.
Centrum Industriekultur (Hg.): Unterm Hakenkreuz. Alltag in Nürnberg 1933–1945, München 1993.
Centrum Industriekultur (Hg.): Kulissen der Gewalt. Das Reichsparteitagsgelände in Nürnberg, München 1992.
Christmeier, Martina/Wager Melanie (Hg.): Nürnberg – Ort der Reichsparteitage. Inszenierung, Erlebnis und Gewalt, Petersberg 2021.
Diefenbacher, Michael/Fischer-Pache, Wiltrud (Hg.): Der Luftkrieg gegen Nürnberg, Der Angriff am 2. Januar 1945 und die zerstörte Stadt, Nürnberg 2004.
Dietzfelbinger, Eckart/Liedtke, Gerhard: Nürnberg – Ort der Massen. Das Reichsparteitagsgelände – Vorgeschichte und schwieriges Erbe, Berlin 2004.
FIBIDOZ u. a. (Hg.): Flucht, Vertreibung, Exil, Asyl. Frauenschicksale im Raum Erlangen, Fürth, Nürnberg, Schwabach, Nürnberg 1990.
Fritzsch, Robert: Nürnberg im Krieg. Im Dritten Reich 1939–1945, Düsseldorf 1984.
Fritzsch, Robert: Nürnberg unterm Hakenkreuz. Im Dritten Reich 1933–1939, Düsseldorf 1983.
Jochem, Gerhard/Kettner, Ulrike: Gedenkbuch für die Nürnberger Opfer der Schoa, Nürnberg 1998.
Kohl, Christiane: Der Jude und das Mädchen. Eine verbotene Freundschaft in Nazideutschland, Hamburg 1997.
Leßau, Hanne (Hg.): Das Reichsparteitagsgelände im Krieg. Gefangenschaft, Massenmord und Zwangsarbeit, Petersberg 2021.
Museen der Stadt Nürnberg (Hg.): Entrechtet. Entwürdigt. Beraubt. Die Arisierung in Nürnberg und Fürth, Nürnberg 2013.
Schmidt, Alexander: Das Reichsparteitagsgelände in Nürnberg, Nürnberg ^{5}2017.
Urban, Markus: Die Konsensfabrik. Funktion und Wahrnehmung der NS-Reichsparteitage, 1933–1941, Göttingen 2007.
Zelnhefer, Siegfried: Die Reichsparteitage der NSDAP, Nürnberg 1991.

Zelnhefer, Siegfried/Radlmaier, Steffen: Nürnberg und die Spuren des Nationalsozialismus, Cadolzburg 2021

Nach 1945

Diefenbacher, Michael/Henkel, Matthias (Hg.): Wiederaufbau in Nürnberg, Nürnberg 2009.
Windsheimer, Bernd: Langwasser. Geschichte eines Stadtteils, Nürnberg [2]2007.
Franziska Knöpfle: Im Zeichen der «Soziokultur». Hermann Glaser und die kommunale Kulturpolitik in Nürnberg, Nürnberg 2007.
Gregor, Neil: Haunted City. Nuremberg and the Nazi Past, New Haven and London 2008.
Koch, Christian/Büschel, Rainer/Kuhnle, Uli: Trümmerjahre. Nürnberg 1945–1955, München 1989.
Mulzer, Erich: Der Wiederaufbau der Altstadt von Nürnberg 1945–1970, Erlangen 1972.
Priemel, Kim C./Stiller, Alexa (Hg.): NMT. Die Nürnberger Militärtribunale zwischen Geschichte, Gerechtigkeit und Rechtsschöpfung, Hamburg 2013.
Schmidt, Alexander (Hg.): Das Gelände. Dokumentation, Perspektiven, Diskussion, Petersberg 2015.
Mittenhuber, Martina/Schmidt, Alexander/Windsheimer, Bernd: Der Nürnberger Weg. Eine Stadtgeschichte in Bildern und Texten, Nürnberg 1995.
Taylor, Telfort: Die Nürnberger Prozesse. Hintergründe, Analysen und Erkenntnisse aus heutiger Sicht, München 1994.
Wachter, Clemens: Kultur in Nürnberg 1945–1950, Nürnberg 1999.
Windsheimer, Bernd: 50 Jahre Airport Nürnberg 1955–2005. Geschichte der Luftfahrt in Nürnberg, Nürnberg 2005.
Windsheimer, Bernd: WBG 1918–2018. 100 Jahre Bauen und Leben in Nürnberg, Nürnberg 2018.

Personenregister

Bildnachweis

Alte Pinakothek, München/© Blauel/Gnamm/ARTOTHEK: *19* | Archiv des DB Museums im Verkehrsmuseum Nürnberg: *28* | akg-images, Berlin: *S. 16*, *S. 94* | © Bayerisches Nationalmuseum München, Foto: Bastian Krack: *12* | Bayerisches Landesamt für Denkmalpflege; Foto: M. Nadler: *3* | Bayerische Staatsbibliothek, München; Fotoarchiv Heinrich Hoffmann: *2* (L.65/hoff-16025), *50* (M.107/hoff-20455) | bpk/Deutsches Historisches Museum/Arne Psille: *S. 150* | Bundesamt für Migration und Flüchtlinge, 9560447 BafMF: *58* | Dokumentationszentrum Reichsparteitagsgelände: *52* (Ph-0192-00) | Evangelisch-lutherisches Pfarramt St. Lorenz: *9* | Fränkische Verlagsanstalt, Nürnberg: *46* | Werner Fuchs, Nürnberg: *51* | Germanisches Nationalmuseum, Nürnberg: *17*, *22*, *27*, *29* | Geschichte Für Alle e. V., Nürnberg: *45*, *49* | Ernst Gortner, Nürnberg: *54* | Erich Guttenberger/Verlag Nürnberger Presse: *60* | Bernd Hafenrichter/Verlag Nürnberger Presse: *61* | Heinz Harren, © Fotostudio Karl Harren, Nürnberg: *43* | Kunstsammlungen der Stadt Nürnberg: *7*, *14*, *20*, *21*, *23*, *25*, *26*, *30*, *36*, *39*, *S. 78* | Neues Museum Nürnberg (Foto: Annette Kradisch): *62* | https://de.wikipedia.org/wiki/Quelle_(Versandhandel)#/media/Datei:QKv3.jpg: *59* | Sammlung Bernd Siegler: *47* | Sammlung Landesbank Baden-Württemberg im Kunstmuseum Stuttgart, Foto: Kunstmuseum Stuttgart/© VG Bild-Kunst, Bonn 2021: *48* | Sammlung Uwe von Poblocki: *1* | Siemens Historical Institute: *31* | Staatsarchiv Nürnberg: *10*, *11*, *16* | Stadt Nürnberg, Stadtarchiv: *4* (A1 Nr. 1050-07-16), *5* (L 130/VI), *6* (C 6075/52), *18* (A 38 Nr. L-63-6), *32* (A 47 I/KS-41 / X), *33* (LR 441/65), *34* (A 56 Nr. F3-196), *37* (A 47 I/KS-129/71 R), *38* (K 92/XI), *40* (F 50/XI), *41* (A 47 Nr. KS-37-3), *42* (E 10/18 Nr. 23-1-7), *44* (C 3/VI), *53* (A 39/I Nr. 78-N), *55* (A65-II Nr. RA-275-D), *56* (A65_II_RA_275_D), *57* (N 125/VI) | Stadt Nürnberg, Menschenrechtsbüro: *S. 170* | Stadt Nürnberg/Ralf Moll, ralf_moll_burg_oV7A7132: *63* | Stadtbibliothek Nürnberg: *8*, *15*, *24*, *35* | Städtische Sammlungen, Lauf an der Pegnitz: *13* | WBG-Gruppe, Nürnberg: *S. 134*

Es ist dem Verlag C.H.Beck nicht in allen Fällen gelungen, die Inhaber der Bildrechte ausfindig zu machen; der Verlag ist jedoch selbstverständlich bereit, berechtigte Ansprüche abzugelten.

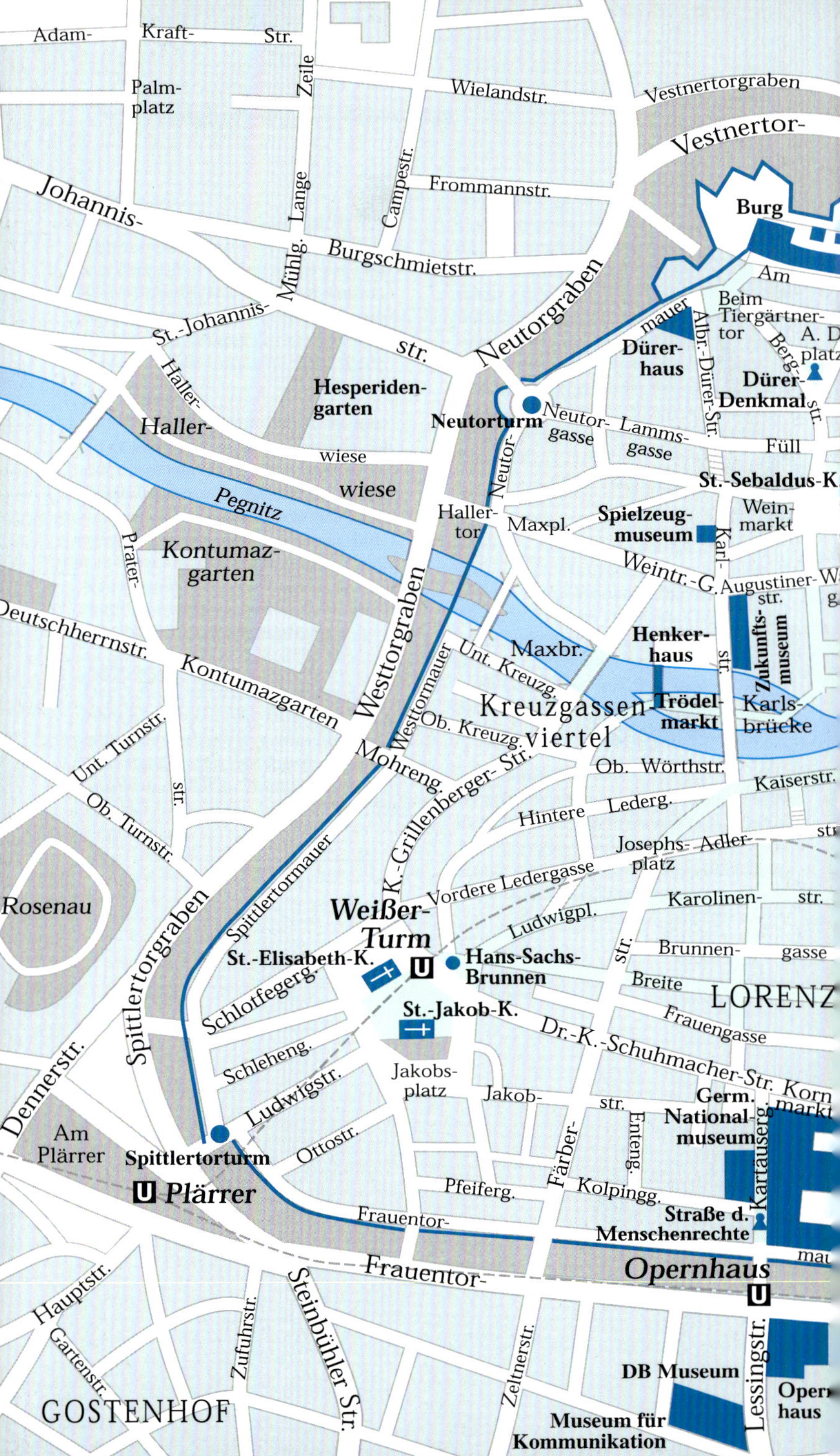

Adam-
Kraft-
Str.
Palm-
platz
Lange Zeile
Wielandstr.
Vestnertorgraben
Vestnertor-
Campestr.
Frommannstr.
Johannis-
Burg
Mühlg.
Burgschmietstr.
Am
Beim
Tiergärtner-
tor
A. D
platz
St.-Johannis-
str.
Neutorgraben
mauer
Dürer-
haus
Albr.-Dürer-Str.
Berg-
str.
Dürer-
Denkmal
Haller-
Hesperiden-
garten
Neutorturm
Neutor-
gasse
Lamms-
gasse
Füll
Haller-
wiese
wiese
Neutor-
St.-Sebaldus-K.
Pegnitz
Haller-
tor
Maxpl.
Spielzeug-
museum
Wein-
markt
Prater-
Kontumaz-
garten
Karl-
Weintr.-G.
Augustiner-
str.
Deutschherrnstr.
Westtorgraben
Henker-
haus
Zukunfts-
museum
Kontumazgarten
Westtormauer
Unt. Kreuzg.
Maxbr.
str.
Kreuzgassen-
viertel
Trödel-
markt
Karls-
brücke
Ob. Kreuzg.
Unt. Turnstr.
Mohreng.
K.-Grillenberger-Str.
Ob. Wörthstr.
Kaiserstr.
Ob. Turnstr.
str.
Hintere
Lederg.
Josephs-
platz
Adler-
Spittlertormauer
Vordere Ledergasse
Rosenau
Weißer-
Turm
Karolinen-
str.
Spittlertorgraben
Ludwigpl.
str.
Brunnen-
gasse
St.-Elisabeth-K.
Hans-Sachs-
Brunnen
Breite
LORENZ
Schlotfegerg.
St.-Jakob-K.
Frauengasse
Dr.-K.-Schuhmacher-Str.
Korn
markt
Dennerstr.
Schleheng.
Jakobs-
platz
Ludwigstr.
Jakob-
str.
Germ.
National-
museum
Am
Plärrer
Spittlertorturm
Ottostr.
Färber-
Enteng.
Karthäuserg.
Pfeiferg.
Kolpingg.
U Plärrer
Frauentor-
Straße d.
Menschenrechte
Frauentor-
Opernhaus
U
Hauptstr.
Steinbühler Str.
Zufuhrstr.
Zeltnerstr.
Lessingstr.
Gartenstr.
DB Museum
Oper
haus
GOSTENHOF
Museum für
Kommunikation